boutique.afnor.org/livres

Laurent Lefèvre

Booste ta perf !

Technique de vente étape par étape

W0286188

afnor ÉDITIONS

Vous voulez nous faire partager
une remarque ou une suggestion ?
Contactez-nous :
fabrication-editions@afnor.org

ISBN 978-2-12-465842-8

Édition : Léonore Mule
Secrétaire d'édition : Jeanne Labourel
Création de maquette : Gilda Masset
Mise en page : Corinne Cadieu
Fabrication : Philippe Malbec

Crédit photo : Adobe Stock, 2023

AFNOR – 11, rue Francis de Pressensé, 93571 La Plaine Saint-Denis Cedex
Tél. : +33 (0) 1 41 62 80 00 – boutique.afnor.org/livres

L'auteur

Je suis issu du croisement hasardeux d'une Italienne parmesane et d'un descendant de marin-pêcheur normand.

Après une enfance et une adolescence bercées de douceur (quoique, paraît-il, souvent trop près du mur), j'ai eu la chance extraordinaire d'être recruté dans une superbe entreprise multinationale.

Nous sommes en juin 1991 et quarante candidats, l'élite des grandes écoles de commerce, serrent les rangs et les fesses dans la grande salle de recrutement organisé par un cabinet parisien pour un monstre américain. Avec mon bac agricole, mon IUT de quatrième zone et mes deux années en feu en école de commerce, je porte en moi le gène du *"looser"*.

Les salariés du groupe présentent les cinq postes de « vendeurs grande distribution » devant lesquels bave l'auditoire. À l'issue d'une présentation d'une heure, le plus âgé (sûrement le chef) jette négligemment un : « Nous recherchons également un conseiller éleveurs. »

Je regarde mes camarades de chambrée et observe le dégoût que cette annonce génère. Bac + 4 pour se retrouver à visiter les bouseux, ce serait une faute lourde. De mon côté, cette annonce représente l'espoir fou d'accrocher les wagons.

Il faut dire que la pression pèse sur mes épaules. Sur les soixante-quinze CV envoyés, seule cette entreprise m'a convoqué. Et puis, visiter les clubs de clébards ou autres élevages exotiques ne me gêne pas plus que ça. Je vois presque ça comme une promotion après avoir été pendant trois ans le seul Parisien de mon école agricole.

Bref, je mise tout sur ce *job*. J'argumente comme un fou sur ma passion des bêtes, mon côté rural qui plaira à la cible et ma capacité naturelle à chausser les bottes. Mes recruteurs me regardent d'un œil médusé. Je suis visiblement le seul à démontrer un tel intérêt pour ce poste. Faute d'alternative crédible (ou d'alternative tout court), je suis donc brillamment recruté.

La suite : douze ans de bonheur dans quatre divisions du groupe (vente, achats, logistique et ressources humaines) qui nécessiteraient à eux seuls un autre opus.

Et puis, en 2003, je me suis retourné sur cette « carrière » et me suis dit qu'il était temps de mettre en œuvre le projet qui me titillait l'œsophage depuis plusieurs années : créer mon entreprise. J'ai donc pris, de façon douloureuse, la décision de quitter l'entreprise que j'aimais pour tenter l'aventure du solo.

Restait à choisir le domaine. J'ai opté sans originalité pour le domaine de la formation professionnelle. Pourquoi ? Trois raisons essentielles que j'avais retenues de mes amis créateurs ou de mes lectures ; si tu veux réussir :

- lance-toi dans un domaine que tu connais ;
- utilise tes atouts ;
- appuie-toi sur un client référence.

Suivant ce triptyque, la formation est devenue une évidence :

- je connais par cœur ce domaine et son marché atomisé (65 000 intervenants déclarés et autant dispensant des pseudo-sessions de *coaching* sous le manteau) ;
- je vais pouvoir m'appuyer sur ma seule compétence éprouvée : la vente ;
- mon ancienne entreprise m'encourage et me fait confiance ; une sacrée poire pour la soif.

Pour sortir du lot, j'ai eu la chance de croiser la route de la première marque mondiale de formation, Dale Carnegie, et d'en prendre la licence.

Si les débuts ont parfois été laborieux, l'expérience s'est avérée finalement une belle réussite – décrite dans mon premier livre *Petit entrepreneur deviendra grand (…ou pas !)*[1].

Avec le recul, j'aurai toutefois aimé à l'époque pouvoir disposer d'un guide simple qui puisse structurer mon approche commerciale afin de me faire gagner du temps.

Vingt ans plus tard, j'ai vendu *via* mes deux entreprises de formation pour 30 millions d'euros cumulés de formations et animé des sessions de vente pour plus de 30 000 commerciaux.

Je me suis dit que le partage de mes bonnes pratiques de vendeur, formateur commercial et entrepreneur pouvait peut-être permettre à d'autres d'éviter de

---

1 2020, *La Sirène aux Yeux Verts Alteractifs*. Ce livre est dédié à tous les entrepreneurs qui défient les lois de la raison pour tenter de vivre leur rêve. En ces temps incertains, vous faites peut-être partie de celles et ceux qui craignent le naufrage ?

commettre les mêmes erreurs – une façon de vivre pleinement leur expérience entrepreneuriale.

Ce livre ne remplacera jamais une formation commerciale que nous pourrions dispenser (d'ailleurs, ne vous privez surtout pas de nous contacter) ; cependant, ce « code de la route » de la vente risque de vous éviter quelques écueils.

J'ai voulu ce livre simple comme la vente et formalisé une méthode en quatre temps mémorisable sous l'acronyme **perf.**

Comme j'aime les images, j'ai demandé à une illustratrice de talent, Andréa Cauli, de mettre en forme ce que j'exprimais en mots. Un grand merci à elle.

Enfin, la vente étant également un moment de plaisir intense pour celui qui en a compris les codes, j'ai proposé à Jean-Michel Milon, un dessinateur que j'adore, d'y ajouter son humour décalé et son trait de crayon affûté. Ainsi, ce sont vingt dessins originaux qui ponctuent les concepts clés du livre.

Bonnes ventes !

Sommaire

MAIS QUELLE EST VOTRE BOTTE SECRÈTE POUR BIEN VENDRE ?
L'HUMOUR, AVEC UN GRAND U !
Milon

Préambule

Après trois ans, un couple fait face à la phase dite de « différenciation ». Les deux partenaires prennent un peu de distance et s'éloignent de la passion initiale. L'amour prend une autre forme en attendant la deuxième lame des sept ans.

Pour l'entreprise, c'est un peu pareil. Passée l'euphorie des premiers mois, 12 % des entreprises disparaissent la première année, une sur deux ne passera pas le cap des cinq ans[2].

La Banque de France estime à plus de 30 000 les entreprises qui déposeront le bilan cette année, le plus souvent des très petites. Pas très enthousiasmant.

Alors comment éviter de sombrer ? Les études et les livres de toute sorte fleurissent pour comprendre les causes de l'hécatombe.

Un peu comme l'homme idéal doit être viril mais sensible, dur mais fragile, indépendant mais proche, l'entrepreneur idéal doit être protéiforme.

Ainsi, on citera pêle-mêle : avoir un **bon produit**, être un **bon gestionnaire**, un **bon marketeur**, un **bon financier**.

Le fait d'avoir un bon produit n'est pas un gage de réussite, cela se saurait. En revanche, ne pas en avoir un est à coup sûr un risque d'échec.

Bien gérer son entreprise est un élément important ; on peut toutefois s'appuyer sur un partenaire (type expert-comptable) pour structurer notre approche. Là aussi, il y en a pléthore sur le marché. Difficile de faire son choix. En tout cas, le critère de la qualité relationnelle ne saurait être pris en compte. Vous connaissez sûrement la différence entre un comptable chaleureux et le père Noël ? Le père Noël existe.

Construire une stratégie marketing efficace permettra sans doute de générer du trafic, de fidéliser des clients, mais elle nécessite un budget que le jeune entrepreneur devra limiter.

Vendre ses produits sur Internet est une option intéressante pour celui qui souhaite éviter le contact client direct ; l'offre est toutefois très vaste et, à un moment ou à un autre, il faudra savoir vendre son site aux hébergeurs.

---

2 Source : Insee.

La clé de la réussite

Dans les analyses portant sur les réussites et les échecs, un élément est souvent sous-estimé : la **compétence commerciale du dirigeant**. Savoir vendre est, me semble-t-il en effet, *la clé* de la réussite.

Savoir vendre son entreprise, son produit et, plus important encore, savoir *se* vendre. En tant que client, on achète bien souvent un couple : l'individu autant que sa solution. Combien de fois nous sommes nous retrouvés en situation d'avoir besoin d'un produit mais d'avoir fait marche arrière devant l'inconsistance (pour ne pas dire plus) du commercial ?

À moins d'avoir le produit génial (et encore), la vente ne peut se passer de la mise en relation entre un acheteur et un vendeur. Cette relation est d'ailleurs vieille comme le monde.

On dit souvent que la vente est le plus vieux métier du monde (j'en connais un autre, mais ça fera l'objet d'un autre livre) ; les premières traces de commerce apparaissent environ 6 000 ans avant J.-C. (pas le Jean-Claude de *Caméra Café*, le vrai, l'original J.-C).

C'est Aristote, philosophe grec, qui a théorisé le sujet avec son ouvrage *La Rhétorique*, qui traite de l'art de la persuasion.

Si les méthodes de vente ont sans doute évolué au travers des âges, le bon sens est souvent gage de succès. La raison d'être d'une entreprise est de créer de la richesse. Pour cela, il nous faut répondre à la question : comment trouver, conquérir et garder nos clients ?

Sans client, pas d'entreprise

Si, je le crois, nous partageons tous la lapalissade que pour développer notre entreprise il nous faut des clients, les avis divergent sur la posture à adopter par le chef d'entreprise ; deux options s'offrent essentiellement à nous :

- **s'impliquer directement** dans l'activité commerciale ;
- **déléguer** cette responsabilité à un ou des commerciaux.

De nombreux chefs d'entreprise ont une aversion pour la vente, la considérant comme peu noble. Il est vrai que le tableau généralement dressé pour décrire la relation commerciale rebute : on imagine des appels à longueur de journée, des fins de non-recevoir généralisées, des opportunités de vente très rares et un rapport effort/bénéfice souvent peu avantageux.

Dans mon domaine, par exemple, un formateur, même médiocre, reçoit dix fois plus de valorisation qu'un vendeur, même bon. Ainsi, rares sont les participants à une formation à ne pas féliciter leur hôte. Au pire, ils ont passé une journée au vert, ont passé du bon temps avec leurs collègues et on n'est pas à l'abri qu'ils aient appris quelque chose. Le vendeur s'est pris lui autant de refus que d'appels.

La tentation est donc forte pour le chef d'entreprise de refiler le bâton boueux à son voisin pour qu'il se prenne les baffes commerciales à sa place.

J'y vois trois risques majeurs :

- le chef d'entreprise est l'image de son entreprise ; si, lui, ne donne pas envie, il y a peu de chances que les autres le fassent ;
- le client est la ressource la plus précieuse de l'entrepreneur. Déléguer l'intégralité de la gestion des clients stratégiques à un commercial risque de le fragiliser ;
- la notion d'exemplarité du chef d'entreprise envers ses équipes est fondamentale. « Aller au front » permet au chef d'entreprise de renforcer sa crédibilité. On ne lui demande pas d'être le vendeur de l'année, mais de contribuer à sa mesure au développement.

Si vous avez décidé de vous engager dans l'action commerciale ou de la gérer à 100 % mais que vous ne savez pas comment faire, ce livre est pour vous.

Si vous avez choisi de vous appuyer sur un vendeur, offrez-lui ce livre.

Il vous dira peut-être qu'il n'en a pas besoin parce qu'il sait déjà. Bon signal que vous n'avez pas recruté le couteau le plus affûté du tiroir et que vous impliquer *a minima* dans la relation client pourrait être une bonne idée.

Introduction

Comprendre les leviers de notre performance

Pour *booster* notre **perf**ormance, encore faut-il comprendre comment elle se réalise.

Qu'est-ce qui distingue un bon commercial d'un médiocre ? Comment expliquer que certains d'entre nous réussissent dans des situations où d'autres patinent ? Je ne crois pas que le talent soit l'explication (en plus ça m'arrange).

La **perf**ormance de chacun d'entre nous peut se résumer en un triangle.

La base de notre **perf**ormance est notre **connaissance** (le **savoir**). Par connaissance, on entend connaître son marché, sa marque, son produit et tout autre élément qui nous permettra d'être crédibles.

Je vois d'ici les autodidactes paniquer en regardant avec dépit leur nombre d'années d'études ; rassurons-nous, la plupart des connaissances opérationnelles seront acquises sur le terrain par un minimum de curiosité, en ciblant ce qu'il faut savoir et ce qui est accessoire.

Ne prêtons pas non plus attention à cette légende urbaine qui voudrait que la vente ne s'apprenne pas. On naîtrait vendeur, on aurait naturellement le talent commercial et la vente serait une question de *feeling*.

La bonne nouvelle, donc, est que la connaissance s'apprend. Ainsi, à la fin de ce livre, vous aurez développé (je l'espère) de nouvelles connaissances précieuses pour conquérir de nouveaux clients. Sans connaissance, pas de réussite.

La deuxième dimension de la **perf**ormance est la **compétence** (le **savoir-faire**). On confond parfois la compétence et la connaissance. Pour faire simple, on pourrait dire que la compétence, c'est l'utilisation de la connaissance en situation d'inconfort, sous pression. Ainsi, je peux être un puits de science dans mon domaine mais être incapable d'expliquer en peu de mots mon activité à un prospect.

Ou encore je peux avoir appris une technique pour gérer une objection (connaissance), mais être incapable de l'utiliser face à un acheteur qui me déstabilise. Ou enfin, connaître toute la bibliographie sur le développement personnel et manquer toujours dramatiquement de confiance en moi.

Je me souviens d'un commercial expérimenté que j'ai recruté il y a quelques années ; vingt ans d'expérience dans la vente, un vendeur d'élite d'après lui, ça ressemblait à une bonne pioche. Après un an, il n'avait toujours pas décollé. Je ne comprenais pas.

Un jour, je le prends à part dans une salle et lui demande de m'expliquer quelques fondamentaux, notamment notre méthode pédagogique (en gros, un triangle et un cercle illustrés). Vous me direz que j'aurais pu le faire avant et vous n'auriez pas tort. J'imaginais naïvement qu'un vendeur expérimenté devait pouvoir acquérir sans problème nos basiques métier, d'autant qu'on est très loin d'envoyer des fusées sur Mars.

Ce jour-là, il bute sur les mots, ânonne des explications *via* des phrases à rallonge incompréhensibles pour moi (donc je vous laisse imaginer pour les clients) et perd complètement ses moyens. Comment l'expliquer ? Peut-être connaissait-il les concepts tout seul devant sa glace (quoique, j'ai un léger doute) ; toutefois, devant moi, qui suis pourtant un modèle de bienveillance et d'écoute (c'est en tout cas ce que dit ma maman), il perdait totalement ses moyens.

On parle alors, pour lui comme les autres, de **piège de connaissance**.

La troisième dimension de la **perf**ormance est l'**attitude** (le **savoir-être**). Par attitude, on entend les éléments comportementaux qui font la différence tel que l'enthousiasme, la confiance en soi, l'audace, la ténacité, la qualité relationnelle et tant d'autres.

Cette troisième dimension est très large et varie pour chacun d'entre nous ; c'est souvent notre parcours qui la conditionne. Nous sommes façonnés par nos parents, famille, amis, anciens *managers*, collègues ; chacun nous a montré, à sa façon, la voie à suivre (ou ne pas suivre) et nous nous en sommes inspirés.

J'ai pour ma part eu la grande chance d'avoir deux parents extraordinaires (mais je ne suis pas objectif) qui m'ont aimé et valorisé à chacune des étapes de ma vie ; ils ont ainsi contribué à développer par exemple ma confiance en mes capacités – une des attitudes sur laquelle je m'appuie au quotidien. Je tente, avec moins de talent, de faire de même avec mes propres enfants.

Notre attitude impacte très fortement notre **perf**ormance.

Des recherches conduites par Harvard University, Carnegie Foundation et Stanford Research Center ont conclu que :

- 85 % de la réussite professionnelle sont dus à un bon développement des compétences sociales et humaines (appelées également *soft skills*) ;
- seulement 15 % de la réussite professionnelle sont dus aux compétences techniques et aux connaissances (*hard skills*).

Ces statistiques ont été extrapolées par Charles Riborg Mann et publiées en 1918 par la Fondation Carnegie[3]. Vous ne rêvez pas : on parle bien d'une étude de 1918.

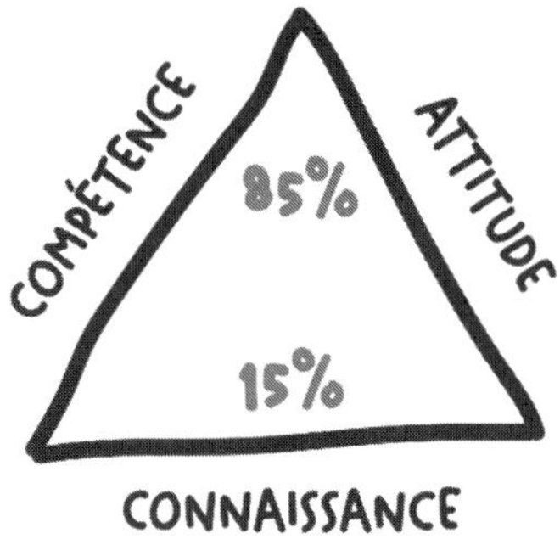

Vous allez me dire que j'aurais pu prendre des références plus récentes et je vous répondrai que c'est dans les vieux pots... Voilà une expression que les jeunes lecteurs ne comprendront pas et qui trahit, j'en ai peur de plus en plus, l'âge de l'auteur.

Ça fait donc plus de cent ans qu'on sait aux États-Unis que le comportemental est l'élément clé de la **perf**ormance. En France, on commence à le comprendre, mais c'est encore très laborieux. Il suffit de regarder les programmes scolaires pour le constater.

Toujours aucun cours de communication à l'école, pas de prise de parole en public, pas de développement comportemental, rien ; de la connaissance encore et toujours.

J'ai dû inscrire mes deux grands enfants dès leurs 18 ans à notre programme de développement personnel pour les aider à s'exprimer à l'oral, car ils étaient tétanisés. Mes jumeaux de 13 ans suivront également le même chemin.

La **perf**ormance est donc la **combinaison des trois dimensions** : une base de **connaissances** sans laquelle aucune réussite n'est possible et des **compétences** et **attitudes** qui feront la différence.

Notre **perf**ormance commerciale est essentiellement liée à chacun d'entre nous ; l'entrepreneur/commercial ne peut pas s'exonérer de sa propre responsabilité dans le cas de mauvais résultats. Il pourra toutefois la nuancer, car sa **perf**ormance individuelle est impactée par deux autres dimensions :

- l'environnement dans lequel il exerce. ;
- le type de métier qu'il effectue.

3 Charles Riborg Mann, *A Study of Engineering Education*, Merrymount Press, 1918.

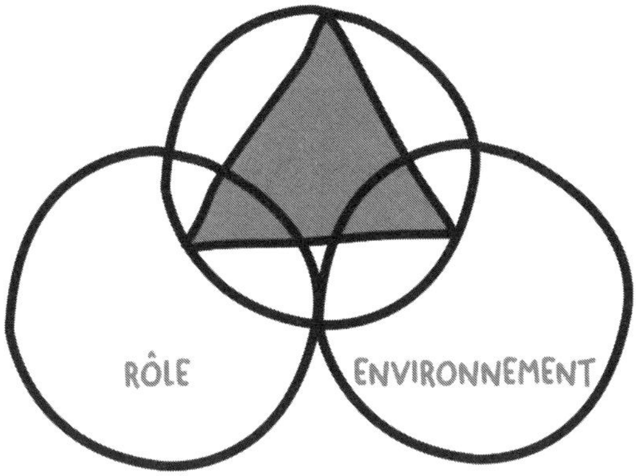

L'environnement

Le premier élément clé de l'environnement qui va impacter notre **perf**ormance est notre **marché**.

J'ai la chance d'avoir de très belles références dans l'IT (je ne parle plus d'informatique depuis que mes enfants m'ont traité de ringard) ; une de ces entreprises propose des solutions innovantes dans le *cloud computing* – ne me demandez pas ce qu'ils font exactement, je n'ai toujours pas compris. En tout cas, ça marche, les clients affluent. Il est donc particulièrement difficile d'évaluer la qualité d'un vendeur dans cette entreprise – c'est le client qui achète plus que le vendeur qui vend.

En revanche, un de mes autres clients a été frappé de plein fouet par la crise de la Covid-19, étant dans le domaine événementiel ; il a su se réinventer et maintenir une activité, même dégradée, grâce à son talent commercial et la qualité des liens qu'il avait créés avec ses clients.

Plus l'environnement est difficile, plus on voit la différence entre les bons et les moyens – les mauvais restant mauvais quel que soit l'environnement.

Un autre élément clé de l'environnement de l'entrepreneur est sa **situation personnelle** ; cette vocation est exigeante et sans des proches en soutien, il est très difficile de réussir.

Si vous avez ces proches (mari/femme, amis), vous êtes verni. Sinon, trouvez-vous-en au plus vite (*voir* le chapitre 3), votre succès est à ce prix.

Dernier élément de l'environnement et non des moindres : notre **équipe**.

Chaque entrepreneur sait la complexité de trouver des collaborateurs de qualité ; j'ai moi-même recruté des dizaines de collaborateurs et ai trop rarement trouvé le bon profil. Il faut dire que la plupart des photos des CV étaient de face.

Une fois que je les ai intégrés, je n'ai pas toujours eu la patience suffisante pour faire grandir les talents, tiraillé entre la pression opérationnelle et mes velléités de *manager* de l'année. J'aurais pourtant dû car, de la qualité de notre équipe, dépend sans doute la qualité de nos résultats.

Le rôle

Notre **perf**ormance est le résultat direct de nos qualités, de notre environnement, mais également de notre fonction. Ainsi, certains sont plus faits pour recevoir des clients, d'autres pour aller les chercher. On peut **perf**ormer plutôt dans un métier en solo ou avoir besoin d'être entouré (en faisant par exemple partie d'un réseau de franchisés).

Pour réussir dans la vente, il faut connaître ses forces et ses limites. Par exemple, j'en connais qui ont une capacité remarquable à *networker dans des clubs divers – ce n'est pas mon cas. J'ai* compris depuis longtemps que mon attitude en club d'affaires était plutôt un « repousse-*business* » tant j'ai des difficultés à dissimuler à quel point je m'ennuie.

Lorsque j'ai créé mon entreprise, on m'avait vivement conseillé de faire partie de « réseaux », l'alpha et l'oméga de la réussite commerciale paraît-il. Pour faire comme tout le monde, je m'étais inscrit à l'époque au CJD (Centre des jeunes dirigeants). Ambiance sympathique mais un cauchemar pour moi tant j'avais mieux à faire que de passer mes soirées avec mes joyeux compagnons.

On avait beau se renifler l'arrière-train une fois par semaine, je n'ai jamais réussi à vendre un programme.

Le fait d'avoir naïvement dégainé mes cartes de visite à la première rencontre a également été moyennement apprécié : trop direct. « C'est un club de réflexion et d'entraide entre jeunes entrepreneurs. » J'avais compris le concept, mais la meilleure façon de m'aider aurait été encore de me passer commande.

Depuis, je préfère l'approche sans ambiguïté d'une démarche commerciale directe ; pas de faux-semblants, de copinage autour de petits fours pour, peut-être, vingt-cinq réunions plus tard, vendre.

L'essentiel est d'être lucide sur nos atouts et nos limites, ce qui nous permettra de choisir un rôle, un métier, un domaine où nous pouvons exploiter nos talents à 100 %.

Le meilleur modèle que je connaisse sur le sujet de la connaissance de soi est la fenêtre de Johari, un *must have* pour tout entrepreneur que j'aimerais partager avec vous.

La fenêtre de Johari

Créée par Joseph Luft et Harry Ingham (d'où son nom : *Jo* pour Joseph Luft, *hari* pour Harry Ingham), psychologues américains, en 1955 et inspirée de la programmation neurolinguistique, la fenêtre de Johari est une matrice qui fonctionne autour de deux angles majeurs :

- **ce que la personne sait sur elle-même** (zone publique et cachée) ;
- **ce qu›elle ignore sur elle-même** (zone aveugle et inconnue).

Ces deux angles sont croisés avec une dimension externe incarnée par autrui : **ce que les autres savent de la personne** (zone publique et aveugle) et **ce qu'ils en ignorent** (zone privée et inconnue). Le tout est ainsi représenté au travers des quatre cadrans/zones de la fenêtre et s'articule ainsi (figure page suivante) :

- **zone publique** : elle représente ce que nous savons sur nous et que tout le monde sait sur nous ; nos atouts majeurs et nos principaux défauts notamment.

  Dans mon cas, je crois avec l'âge être lucide sur mes atouts et mes défauts. L'humilité faisant partie de mes qualités, je vais donc plutôt expliciter un de mes défauts majeurs : l'impatience. Je connais ce défaut et tous mes proches le connaissent également ; il est donc dans ma zone publique. Est-ce que j'ai envie de travailler dessus, c'est un autre sujet... ;

- **zone privée** : elle désigne l'ensemble des informations connues par nous sur nous-même, mais cachées aux autres (ambitions, secrets quelconques, situation familiale, salaire, maladie, etc.). On l'appelle également communément « façade ».

  Je ne vous connais pas assez pour dévoiler ce que j'ai dans cette case mais, si vous soumettez deux ou trois recommandations de prospects, je ferai un effort ;

- **zone aveugle** : elle matérialise ce que nous ignorons sur nous, mais que les autres connaissent (qualités, défauts, manies, tics de langage…).

  Je ne connaîtrai ce que j'ai dans cette zone que si mon entourage se sent en capacité de me donner du *feedback* – s'ils osent. Il est clé de créer les conditions pour que les personnes qui nous entourent (collaborateur, client, proche) nous disent les choses, seule façon d'avancer. La responsabilité d'éclairer cette zone aveugle est donc de notre ressort ;

- **zone inconnue** : elle regroupe ce dont l'individu n'a pas connaissance (inconscient) et que les autres ignorent également (talents cachés, limites inconscientes, projections futures, etc.).

  Cette zone est clé ; on l'appelle également le **potentiel**. Pour la découvrir, je dois prendre des risques, sortir de ma zone de confort. Là aussi, j'ai besoin des autres car ils vont m'encourager, me supporter pendant mon chemin (ou pas).

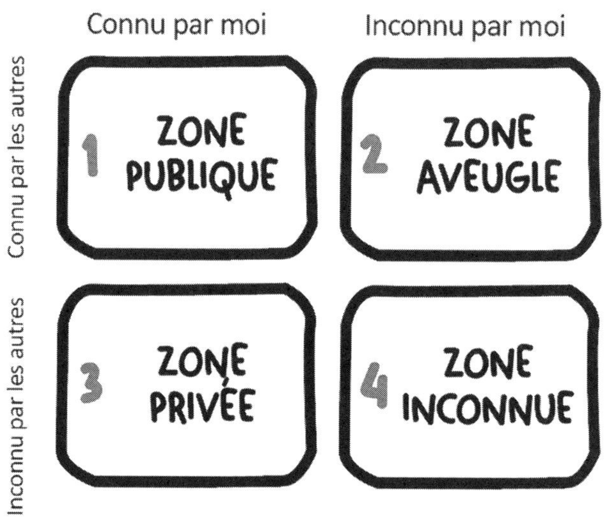

Vous l'avez compris, notre **perf**ormance commerciale ne dépend que de nous.

En nous appuyant sur notre propre triangle de connaissances, compétences et attitudes, en capitalisant sur notre environnement et en optant pour le métier ou rôle qui nous permette de les exploiter à fond, nous avons toutes les chances de réussir.

N'hésitons pas également à demander de l'aide à nos proches pour qu'ils confirment nos atouts et nous aident à éclairer nos angles morts (zone aveugle).

Une de mes amies a récemment quitté un grand groupe de luxe pour se lancer en solo. Avant de franchir le pas dans son activité de *consulting* RH, elle me demande : « Crois-tu que je puisse réussir ? » Elle me demande en fait de l'aider à découvrir sa zone inconnue, son potentiel. « Je n'ai aucune certitude mais je vais te dire pourquoi je pense que tu peux réussir. » Je liste alors les très nombreuses qualités qu'elle a et qui seront autant d'atouts précieux.

Puis je complète avec le point de vigilance auquel elle devra, d'après moi, prêter attention : la vente. Elle n'a aucune expérience commerciale et savoir vendre, savoir se vendre sera la base, pour elle comme pour les autres, de sa réussite de l'entrepreneur. Elle a depuis travaillé ce point et a lancé avec succès son activité qui vient de fêter ses un an avec brio.

« L'oiseau posé sur la branche ne craint jamais que la branche se casse.
Car sa confiance repose sur ses ailes et pas sur la branche. »

1
Pitcher

L'acronyme **perf** résume quatre étapes essentielles à toute réussite commerciale. Avant tout, il nous faut **savoir parler de nous**.

Selon l'adage : « On n'a pas deux fois l'occasion de faire une bonne première impression », il nous faudra impacter l'interlocuteur en peu de mots dès lors qu'on présente :

- notre offre/entreprise ;
- nous-mêmes.

Le tout en trente secondes (pour chaque), on parle alors de *pitcher*.

Comme bien souvent quand on parle de vente, ce concept nous vient des États-Unis. Peut-être avez-vous déjà entendu parler du fameux "*elevator pitch*". Un *elevator pitch* (également appelé *elevator speech* ou *elevator statement*) est une courte présentation visant à convaincre un interlocuteur d'un projet ou d'une idée commerciale.

Inutile de chercher désespérément un ascenseur (terme français d'*elevator* pour ceux qui auraient arrêté l'anglais en sixième) pour pouvoir vous entraîner à impacter. Le terme *elevator* ne se réfère pas ici au lieu de la présentation, mais à sa durée : les quelques secondes ou minutes que dure un trajet moyen en ascenseur.

Ainsi, s'il vous faut deux heures et demie et cent *slides* pour présenter votre solution, vous avez vraisemblablement quelques progrès à faire. *Idem* si vous vous noyez dans un jargon technique qui fait décrocher même le plus bienveillant de vos amis.

Comment réaliser un *pitch* de qualité ? Pour réaliser un *elevator pitch* de qualité, listez les **mots-clés** sur votre entreprise, ce qui vous démarque, ce qui peut donner envie à l'interlocuteur d'aller plus loin. Puis tentez d'organiser ces mots en **deux ou trois phrases**, pas plus.

Ma proposition est de le structurer autour des deux ambitions concomitantes d'un *pitch* réussi :

- informer ;
- donner envie.

Le tout en trente secondes.

EXEMPLE

Dale Carnegie : nous sommes le premier réseau mondial de formation, présent dans 130 pays.

Notre mission : renforcer la **perf**ormance des entreprises en développant la **perf**ormance de leurs collaborateurs.

Une fois le texte formalisé, il nous faudra le rendre vivant en l'exprimant.

Selon Albert Mehrabian, notre *pitch* (message) impactera à hauteur de 7 % notre interlocuteur. Le non-verbal (voix 38 % et attitude 55 %) fera le reste. Cela ne veut pas dire que le message n'est pas important.

On dit souvent beaucoup trop de choses sans intérêt ; d'où l'importance d'en ressortir l'essentiel sous forme de *pitch*.

On parle de congruence quand ces trois éléments sont alignés : un ***pitch* puissant**, une **voix enthousiaste** et une **attitude ouverte et engageante**.

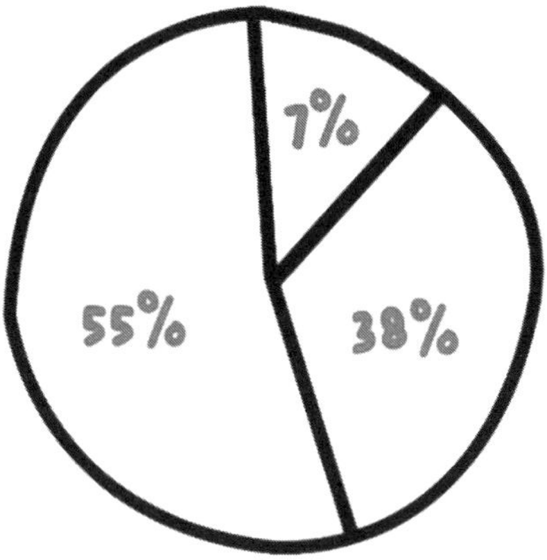

À vous maintenant ! Écrivez votre *pitch* :

Maintenant que vous savez présenter/vendre votre entreprise en 30 secondes, faites-en de même pour vous.

L'enjeu est de « se vendre » sans en faire trop ni devenir arrogant. Ou comment établir d'entrée sa crédibilité pour susciter l'envie de notre interlocuteur de poursuivre l'entretien.

Je rencontre souvent des formateurs qui veulent rejoindre notre équipe et animer des programmes. Le premier contact est comme toujours déterminant. Je suis notamment très vigilant sur la façon dont la personne présente son parcours. Lors d'un entretien récent, un formateur sur le papier très expérimenté s'est présenté comme suit : « Je suis X, j'ai une femme et trois enfants. J'ai tout d'abord été trois ans chez Y où je m'occupais des plans de formation, puis dix ans chez Z où j'étais formateur interne et enfin huit ans chez W où je *manageais* des formateurs ; comme vous le constatez, je connais donc bien la formation. »

Ma recommandation serait la suivante :

- ne **jamais présenter sa situation personnelle**, sauf si on y est invité.

  En effet, l'enjeu est de construire sa crédibilité en peu de mots et parler de sa famille ne coche pas la case ;

- ne **jamais affirmer qu'on connaît un sujet** (« donc je connais bien la formation »).

  C'est mon interlocuteur qui doit en arriver à cette conclusion par la qualité de mes arguments. Ce type d'affirmation a tendance à renvoyer l'image inverse de la crédibilité – plutôt quelqu'un qui veut se rassurer ;

- structurer sa présentation en **globalisant les années** (sinon, ça fait liste de courses et on se demande quand ça va finir).

  Dans mon exemple, parlez plutôt de : « J'ai vingt et un ans d'expérience dans le domaine de la formation au travers de trois grandes missions : chez Y, Z et W » ;

- remplacer tous les mots « approximatifs » par des **mots d'action** :
  - ainsi « j'ai été… » sera avantageusement remplacé par « j'étais en charge de… » ;
  - « je m'occupais de… » remplacé par « j'avais la responsabilité de… ».

EXEMPLE

De mon côté, voilà comment je me présente ; j'ai essayé de faire court et impactant (mais je suis preneur de toute suggestion d'amélioration) :

Je suis Laurent Lefèvre et j'ai une double expérience :

- tout d'abord de douze ans comme cadre chez Mars où j'ai évolué dans quatre divisions : la vente, les achats, la logistique et les ressources humaines ;
- puis une expérience de vingt ans comme chef d'entreprise dans le secteur de la formation professionnelle où j'ai pris la licence de la première marque mondiale Dale Carnegie ; nous sommes aujourd'hui une équipe de trente formateurs et dix salariés et réalisons 2 millions de CA par an.

Maintenant c'est à vous. Travaillez votre présentation, testez la devant vos proches. Elle doit projeter auprès de votre auditoire un ressenti favorable de crédibilité.

Votre présentation personnelle :

Vous l'avez compris, *pitcher* est la base de la **perf**ormance commerciale. Si on ne sait pas se vendre, comment peut-on espérer que nos prospects nous achètent ?

Rappelons-nous toujours que notre interlocuteur se fera un avis sur la base des faits que nous avançons. Cela est particulièrement bien illustré dans l'anecdote fameuse d'une entreprise de bûcheronnage au Québec qui procède à une embauche et reçoit des candidats. L'un d'eux a indiqué sur son CV : bûcheron au Sahara.

« Mais il n'y pas d'arbres… au Sahara !

➥ Vous voulez dire : il n'y a plus d'arbres au Sahara… »

2 Enthousiasmer

Dans son livre *Le secret méconnu du succès*[4], Dale Carnegie estime que la qualité numéro 1 de tout individu est l'enthousiasme.

Celle qui nous fait avancer, encore et encore, en dépit des nombreuses embûches qui se dressent devant nous. Comme dirait Winston Churchill, le succès, c'est d'aller d'échec en échec avec enthousiasme.

La question est : peut-on générer de l'enthousiasme si, depuis tout petit, nous projetons exactement l'inverse ? La bonne nouvelle est que c'est possible d'enthousiasmer notre interlocuteur (même avec une pauvre tête). Il est vrai qu'aucun d'entre nous n'est responsable de la tête qu'il a, on est plus ou moins gâté ; en revanche, on est tous responsables de la tête qu'on fait.

Comment enthousiasmer ?

Pour enthousiasmer, il nous faut réunir au préalable deux qualités sans lesquelles, ça risque d'être très compliqué : la conscience et l'envie.

La **conscience** : je dois savoir si mon attitude fait fuir, si je suis triste à mourir et que je suscite à peu près la même envie qu'une moule de bouchot. Pour ce faire, rappelons-nous du modèle de Johari et demandons leur avis à nos proches ; s'ils sont vraiment proches, ils nous diront. Sinon, on peut toujours faire appel à un *coach*. Il y en a 65 000 sur le marché. On va bien en trouver un pour nous faire le miroir.

---

4 Dale Carnegie & Associated, 1965.

EXEMPLE

J'ai récemment rencontré la directrice générale d'une entreprise particulièrement froide, voire agressive. J'ai laissé passer l'orage et au bout de trente minutes, elle a commencé à se dégeler ; j'ai même découvert un côté plutôt sympathique.

Comme nous avons fini par développer une certaine affinité, je me suis permis de lui exprimer ma surprise sur le décalage entre son premier contact et l'impression qu'elle dégage quand on la connaît mieux. Elle a été très étonnée, m'indiquant qu'en vingt ans de carrière, personne ne lui avait jamais donné ce *feedback*.

Bien dommage pour elle, car elle aurait pu le travailler avant, à condition qu'elle le veuille.

L'**envie** : maintenant que nous savons que nous sommes plutôt froids, antipathiques, grâce à notre *coach* qui nous l'a avoué au bout de dix séances à 300 euros la séance, reste à bouger.

Survient alors la seconde difficulté. Certains d'entre nous sont conscients d'une lacune (type manque d'enthousiasme), mais n'ont pas envie d'y remédier. Incompréhensible ? Pas tant que ça.

Changer est souvent douloureux et finalement, pour quoi faire ? Je suis comme ça, les autres n'ont qu'à m'accepter, je l'ai bien fait, moi. Tout dépend en fait de l'enjeu. Tant que ça passe à peu près, on ne fait rien, car on considère que l'effort à produire pour changer est supérieur au bénéfice ; le jour où ça deviendra insupportable, on bougera.

J'utilise souvent la métaphore suivante en formation pour susciter l'envie de bouger face aux très nombreuses personnes que je croise qui sont conscientes d'un point de développement mais n'ont pas envie de le travailler car, jusqu'à présent, tout va à peu près bien.

« C'est un petit garçon qui marche dans un parc et qui aperçoit au loin un vieil homme assis sur un banc. Celui-ci lit le journal avec, à ses pieds, son chien. Le petit garçon observe la scène et constate que le chien se tord de douleur aux pieds de son maître, mais que celui-ci ne bouge pas. Au bout de cinq minutes, ne tenant plus, le petit garçon interpelle le grand-père : "Monsieur, ça fait cinq minutes que j'observe votre chien et il a l'air de souffrir beaucoup, il est malade votre chien, vous devez agir !" Le grand-père lui répond : "Non, mon petit gars, mon chien n'est pas malade. Il est juste assis sur un clou depuis une heure, mais ça ne lui fait pas assez mal pour qu'il bouge". »

Alors, bougeons avant que la douleur ne devienne si intenable qu'il risque d'être trop tard.

Bravo, nous avons réuni les deux préconditions ! Nous sommes conscients et nous avons envie.

Reste à savoir comment faire pour enthousiasmer nos interlocuteurs.

Je m'inspire de mon côté des écrits d'un psychologue et philosophe américain du nom de William James. Pas un perdreau de l'année, car il est décédé en 1910. Il est notamment célèbre pour avoir rédigé les premiers travaux sur la mémoire et de nombreux livres autour du pragmatisme et de l'émotion. Dans son essai intitulé "*What is an Emotion?*", inclus dans le livre *The Heart of William James*[5], il connectait l'émotion à deux autres dimensions.

---

5 William James, *The Heart of William James*, Robert D. Richardson, 1884.

Puisqu'on a pris goût au triangle, en voici donc un autre :

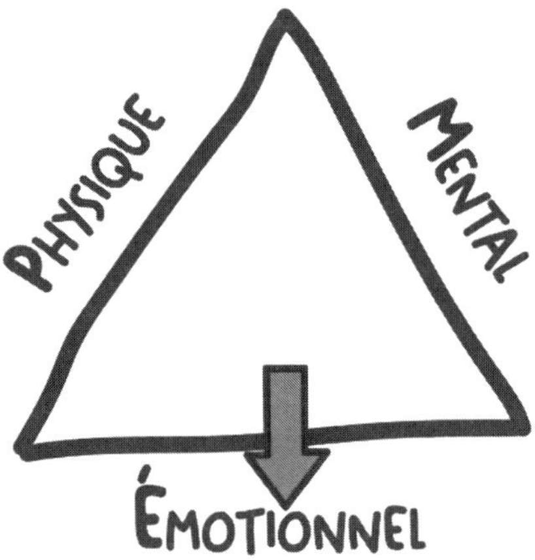

Dans ces trois dimensions, il y en a une sur laquelle nous n'avons pas de prise, nous la subissons : l'**émotion**.

En effet, si on nous annonce une très mauvaise nouvelle (par exemple, notre belle-mère vient déjeuner), on ne pourra empêcher l'impact de la nouvelle sur nous ; on la prend en pleine tête.

En revanche, nous pouvons contrôler l'impact de l'émotion par du physique et du mental. Nous projetterons ainsi une attitude impassible, voire réjouie, préservant notre couple d'un très mauvais *week-end*.

En termes physique, on se forcera à sourire ; en termes mental, on se projettera sur la soirée avec les copains. Donc, si je peux contrôler une émotion qui entre par du physique et du mental, je peux provoquer une émotion qui sort par du physique et du mental. Or, l'enthousiasme est une émotion.

Chacun d'entre nous a sans doute ses propres trucs pour générer de l'enthousiasme.

De mon côté, j'aimerais partager avec vous les deux séries de six actions que je m'applique pour générer cet entrain quand c'est nécessaire. L'enjeu n'est en effet pas d'être enthousiaste tout le temps (ça tournerait à l'hystérie), mais de l'être quand il le faut : face à nos clients, nos collaborateurs, nos partenaires (banque, comptable…) ou à toute échéance clé de notre développement.

Six actions physiques recommandées pour générer de l'enthousiasme

1. **Respirons**. Notre impact est inversement proportionnel au débit de notre voix ; plus nous « pausons », respirons, gérons des silences, plus nous engageons.
2. **Sourions**. Lorsque l'on sourit, les muscles faciaux provoquent un mouvement qui génère la production d'endorphines et qui met notre cerveau dans un état de détente. En effet, il faut dix-sept muscles et dix-sept secondes de sourire sincère pour submerger notre cortex de bien-être. Le sourire est contagieux.
3. « **Pausons** ». Gérons des *breaks*, débranchons nos neurones pour pouvoir recharger pleinement nos batteries et les mobiliser quand c'est nécessaire.
4. **Portons la voix**. La voix est la musique de l'âme ; osons monter la voix pour affirmer notre vision.
5. **Animons-nous**. Comme les comédiens aiment à le dire, le geste amène le texte ; plus je m'anime physiquement, plus je projette d'énergie.
6. **Prenons soin de nous**. Considérons notre corps comme une mécanique de précision ; prenons-en soin pour en libérer tout le potentiel au bon moment. Préservons des espaces et des activités « sanctuaires » où nous nous ressourcerons.

Six actions mentales recommandées pour générer de l'enthousiasme

1. **Visualisons la réussite**. La visualisation permet de leurrer notre cerveau. En effet, l'utilisation de l'imagerie mentale fait que votre inconscient reçoit la vision comme une réalité. L'inconscient ne fait pas la différence entre l'imaginaire et le réel. Pour notre cerveau, nous avons déjà vécu et réussi l'expérience.
2. **Vivons l'instant**. Concentrons-nous sur le présent. Prenons les événements les uns après les autres sans nous projeter inutilement. Un tiroir pour chaque jour de la semaine, c'est plus commode.
3. **Agissons**. Le monde appartient à ceux d'entre nous qui décidons ; la décision, c'est l'action.
4. **Relativisons**. Listons les éléments positifs de notre vie et enthousiasmons-nous de la chance que nous avons.
5. **Partageons**. Donnons aux autres sans arrière-pensées, rendons les autres heureux ; nous recevrons des ondes positives.
6. **Faisons de notre mieux**. Nul regret à avoir quand on a fait le maximum.

Enfin, apportons une précision pour ceux d'entre nous qui invoquerait un enthousiasme « sélectif » ; en effet, nous serions naturellement enthousiastes, mais devant tel client ou tel collaborateur, ce serait au-dessus de nos forces.

J'ai échangé récemment avec un collègue américain qui m'a raconté une anecdote passionnante : il prend l'avion entre New York et Los Angeles et se retrouve assis à côté de Chris Voss, ancien négociateur du FBI, fréquemment impliqué sur les prises d'otage et enlèvements. Mon collègue était fou de joie de cette opportunité tombée du ciel ; il s'est dit qu'en six heures de vol, il aurait l'occasion de créer une connexion avec Chris et peut-être même comprendre les secrets de son art. Et ça a marché.

Chris lui a expliqué la technique qu'il utilise pour négocier avec n'importe quel preneur d'otage, même le plus endurci.

« Avant de prendre le téléphone, je m'isole et analyse le dossier du preneur d'otage. Notamment, le quartier où il est né. J'effectue alors un exercice de visualisation et j'imagine le preneur d'otage enfant en train de jouer dans ce quartier ; la visualisation continue avec son premier match de foot, ses sorties avec les copains, sa première petite copine, tous les événements heureux de sa vie, de son enfance puis de son adolescence. Je poursuis ce travail de visualisation positive jusqu'à un certain point.

- Jusqu'à quel point ? Jusqu'à quand visualisez-vous le preneur d'otage ? Jusqu'à ce qu'il tourne mal ? Qu'il aille en prison ? Qu'il déclenche la prise d'otage ?, dit mon collègue surexcité.
- Non, je mène l'exercice de visualisation jusqu'au moment où j'ai, dans la tête, l'image de quelqu'un de bien ; quand j'ai cette image à l'esprit, je prends le téléphone et commence à négocier. »

J'ai trouvé cette anecdote passionnante, car il est vrai que l'on ne parle pas de la même façon à quelqu'un que l'on apprécie qu'à quelqu'un que l'on méprise : conseil à appliquer dès notre prochaine discussion !

Nous savons maintenant pourquoi enthousiasmer nos clients et prospects est un "*must*".

Avec de l'enthousiasme, nous aurons des réussites ; sans enthousiasme, nous n'aurons que des alibis.

3
« Relationner »

La première qualité d'un commercial, c'est la qualité relationnelle, je crois que nous partagerons tous cette évidence. Allons même plus loin en affirmant que la vente est la conséquence de la bonne relation que nous aurons créée. Maintenant, quand on parle de « relationner », à savoir établir une relation entre deux personnes, il faut que l'on s'intéresse à deux éléments :

- capitaliser sur notre réseau d'influence ;
- créer des liens forts avec notre premier cercle.

Capitaliser sur notre réseau d'influence

On peut considérer que chacun d'entre nous dispose d'un certain nombre de réseaux. La famille est le plus évident, puis viennent les amis, les collègues de travail ou autres membres de clubs (sportifs, musicaux, etc.).

Pour un entrepreneur, l'important n'est pas tant la quantité de réseaux auxquels on appartient que leur qualité. Pour atteindre notre ambition, nous aurons besoin d'actionner un certain nombre de relations que nous organiserons autour de **trois cercles** (*voir* Figure, page suivante).

Dans le premier cercle, nous positionnerons les personnes ayant un impact déterminant sur notre *business* ; cela peut être des clients, des prospects, des collaborateurs, des partenaires.

Dans le deuxième cercle seront présentes les personnes avec un impact moins fort ; dans le troisième, celles ayant un impact faible.

Une fois les personnes positionnées dans leur cercle respectif, nous nous intéressons à la qualité des liens qui nous lient à eux. On parle ici de deux liens :

- le lien fonctionnel ;
- le lien relationnel.

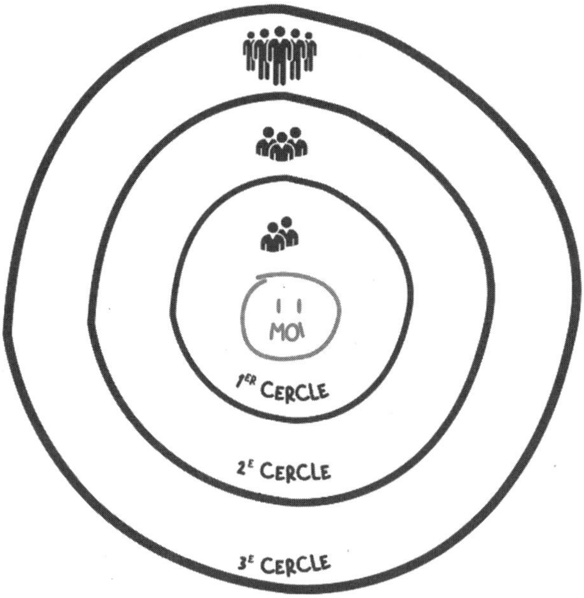

Le **lien fonctionnel** est l'adéquation entre mon service, mon offre et la stratégie de mon interlocuteur.

Par exemple, je vends une solution de recrutement et mon prospect a un fort *turn-over* de ses vendeurs. Si mon prospect voit mon offre comme une solution possible à l'atteinte de ses propres objectifs, il a toutes les chances de me l'acheter. On dessinerait alors un trait plein ; dans le cas contraire, un trait pointillé.

Le **lien relationnel** est le niveau de confiance existant entre l'interlocuteur et nous-mêmes.

Si nous avons une relation forte avec l'autre, nous dessinerons là encore un trait plein. Si la confiance est friable, voire si je ne connais pas vraiment mon interlocuteur, on tracera un pointillé.

Des traits pointillés dans notre premier cercle posent problème ; si on ne les restaure pas, on aura toutes les peines du monde à engager nos interlocuteurs dans l'action, car soit ils ne verront pas d'intérêt à celle-ci pour leurs propres projets (fonctionnel), soit ils n'auront pas envie de travailler avec nous (relationnel). Autrement dit : pas de vente.

Créer des liens forts avec notre premier cercle

Créer un lien fonctionnel fort

Avant de transformer un lien fonctionnel faible en lien fort, il nous faut d'abord connaître suffisamment notre interlocuteur pour comprendre ses enjeux. Le fameux questionnement que tout vendeur effectue ou croit effectuer, sans trop savoir ce qu'il cherche.

Une anecdote me revient et nous permettra de comprendre ce qu'on cherche lorsqu'on questionne.

En début d'année, j'ai déjeuné avec un de mes amis, Jacques, que je n'avais pas vu depuis un certain temps. Nous avions rendez-vous place de la République dans un bon restaurant et, comme d'habitude, Jacques était en retard.

Lorsqu'il arrive enfin, il me dit :

« Laurent, viens voir dehors devant le resto, il faut que je te montre quelque chose !

- Jacques, j'ai méga faim moi, c'est indispensable ?
- Viens voir, insiste-t-il ! »

Comme je n'ai pas de personnalité, j'y vais.

Devant le restaurant, un énorme 4x4 Mitsubishi flambant neuf.

« Je te présente ma nouvelle voiture !, me dit Jacques l'air guilleret.

- Mais Jacques, tu es fou, qu'est-ce que tu fais avec un truc comme ça à Paris ?
- En fait, tu sais, avec mon travail dans l'événementiel, j'ai de plus en plus de clients en banlieue, il me fallait une voiture
- D'accord, mais pourquoi ça ? »

« Elle est super-spacieuse et je peux y loger derrière mes quatre enfants sans problème. En plus, tu connais Sylvie [sa femme] et sa conduite, je suis plus rassuré qu'elle soit là-dedans ; c'est un véritable tank, indestructible. Mais attends t'a pas tout vu ! » poursuit-il.

Il me fait monter dans la voiture.

« Tu as vu ces sièges en cuir comment ils sont confortables ? Et attends, tu n'as pas entendu le son de la platine ! »

En hypoglycémie sévère, je jette l'éponge.

« Ok Jacques, elle est belle ta voiture ; mais pourquoi as-tu acheté ça à Paris ?

- Tu veux que je te dise : cette voiture, c'est vraiment la frime ! »

Au travers de cette anecdote, Jacques m'a finalement résumé les motivations d'achat :

- **intérêt principal** : Jacques a acheté une voiture pour se déplacer. Notre client nous rencontre pour un besoin général (par exemple dans mon cas, mettre en place une formation) ;

- **critères d'achat** : les critères d'achats sont les éléments incontournables à faire figurer dans notre offre. Si nous ne les réunissons pas, nous serons écartés, même si nous compensons avec d'autres éléments (type une remise).

  Dans le cas de Jacques, il s'agit de l'espace pour pouvoir loger sa famille et de la robustesse du véhicule ;

- **critères secondaires** : il s'agit des « petits plus » de notre offre. Dans le cas de Jacques, les sièges en cuir et l'autoradio.

  Ils n'interviennent dans le processus d'achat que dans un cas : lorsque tous les prestataires satisfont les critères d'achat ; dans ce cas, les critères secondaires deviennent déterminants.

La qualité relationnelle d'un vendeur est un critère secondaire. Jamais un client ne nous suivra si notre produit ne correspond pas à ce qu'il cherche, même s'il nous apprécie fortement. En revanche, en cas d'offres proches avec un concurrent, la qualité relationnelle que vous avez installée deviendra déterminante ;

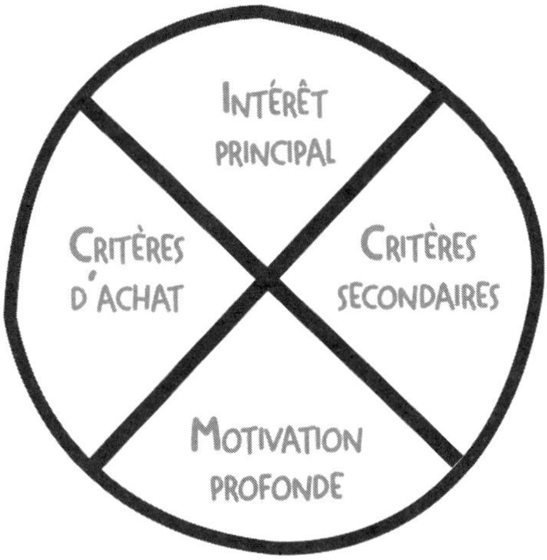

- **motivation profonde** : il s'agit du moteur d'achat, rarement avoué mais qui conditionne la plupart de nos actes. Dans le cas de Jacques, l'orgueil.

  Les plus affûtés reconnaîtront un des motivateurs identifiés par le fameux modèle Soncas que je vous représente ci-après avec un exemple dans mon secteur.

S	**Sécurité**	Nous possédons 100 ans d'expérience sur le marché de la formation.
O	**Orgueil**	Nous travaillons avec 400 des 500 premières sociétés internationales (classement *Fortune 500*).
N	**Nouveauté**	Nous avons trois centres de recherche qui produisent dix nouveaux modules de formation par an, basés sur des remontées clients.
C	**Confort**	Nous gérons l'intégralité du processus de formation pour vous : de l'inscription des participants aux entretiens préparatoires, à l'animation, à l'évaluation et au suivi des résultats.
A	**Argent**	L'entreprise X a mis en place un de nos programmes vente et a généré en six mois en moyenne dix nouvelles opportunités par vendeur pour un montant de 50 K€.
S	**Sympathie**	Nous travaillons avec des entreprises adaptées pour la confection de nos manuels et la plupart de nos éléments logistiques.

En nous intéressant à notre client/prospect, en lui posant les bonnes questions, nous identifierons son intérêt principal, ses critères d'achat et secondaires, ses motivations profondes. Reste alors à façonner notre offre autour de ces éléments.

S'il reste des écarts entre ce qu'il attend et ce que l'on offre, plusieurs actions sont possibles pour travailler la qualité du lien fonctionnel :

- **faire remarquer les divergences**. Face à un désaccord, on se rend souvent compte que les divergences ne touchent qu'une partie du sujet et que, sur l'essentiel, nous sommes alignés. Il nous faut donc distinguer ces points de divergence du reste et tenter de trouver des solutions dessus ;
- **s'engager à rechercher un but commun**. Quel est l'objectif commun qui nous réunit ? En quoi notre solution sert l'objectif de notre prospect ? Telle est la question clé à laquelle il nous faudra répondre ;
- **distinguer but et stratégie**. Expliquer en quoi ma solution peut être un moyen (une stratégie) pour permettre à mon prospect d'atteindre son but ;
- **demander les attentes de chacun** ;
- **définir le but commun** (l'inventer).

Exemple de restauration de lien fonctionnel

Nous avons récemment vendu un parcours de management à un grand groupe industriel.

Notre offre de départ était tournée autour de la capacité des *managers* de donner du *feedback*. Nous avons d'abord obtenu un refus. La seule bonne nouvelle était que, comme nous avions tissé une affinité, le client a accepté que nous retravaillions notre copie.

Exemple de restauration de lien fonctionnel (suite)

En creusant les motivations profondes, nous avons découvert que son *challenge*/but était différent (le *feedback* étant un moyen). L'enjeu de l'entreprise était en fait d'aider leurs *managers* à mettre en place (voire « vendre ») l'accord de télétravail signé ; celui-ci prévoyait trois jours minimum de présence au bureau, deux jours facultatifs de télétravail.

Or, de nombreux collaborateurs traînaient les pieds à l'idée de revenir au bureau.

Nous avons ainsi élaboré un module de formation d'une journée intitulé « Donner du sens au présentiel » permettant d'outiller les *managers*. Si les collaborateurs trouvent un vrai bénéfice à venir au bureau (malgré les bouchons et tout le reste), alors ils viendront.

Pilote mené et vente conclue. Lien fonctionnel restauré, car notre offre satisfaisait cette fois un enjeu fort de mon client.

Créer un lien relationnel fort

Pensez à quelqu'un en qui vous avez vraiment confiance.

Vous l'avez ? Alors listez maintenant les raisons pour lesquelles vous avez confiance en cette personne. Est-elle fiable ? Toujours là quand il faut ? Ne me juge pas ? Me dit les choses ?...

Les raisons diffèrent sans doute ; cependant, l'enjeu de la relation client est d'instaurer une relation forte avec nos interlocuteurs.

Une relation forte aura pour conséquence la **confiance** ; la confiance ne se décrète pas, elle se gagne. La confiance est la conséquence de deux éléments qui composent la relation :

- la sympathie ;
- la crédibilité.

◆ Comment renforcer la sympathie ?

Connaissez-vous quelqu'un qui souffre de prosopagnosie ?

On en connaît tous ; vous savez, cette maladie étrange qui se manifeste par l'incapacité de ceux qui en souffrent de reconnaître les personnes qu'ils ont déjà croisées auparavant, même lorsqu'ils ont eu de véritables relations ou conversations avec ces personnes.

Pas de bonjour, pas de salut, on regarde ailleurs. Vous voyez ?

Dans une revue américaine, Brad Pitt confie que contrairement à ce qu'il peut faire paraître, il n'est pas « égoïste et prétentieux » mais qu'il pense souffrir de prosopagnosie.

On a trouvé un bon alibi pour justifier notre indifférence à l'autre.

Montrer aux autres qu'ils sont importants pour nous, les reconnaître, s'intéresser à eux, autant de principes qui créent la sympathie.

Un jour, lors d'une convention aux États-Unis, j'ai été bluffé par la démonstration d'un formateur vente de notre réseau. Celui-ci monte sur scène et, en préambule à son discours, nous pose la question suivante : « Pensez à votre meilleur client ; levez la main, ceux d'entre vous qui pensez avoir une relation particulièrement forte avec lui/elle. »

Sans aucune hésitation, je lève la main ; accompagné par 80 % de l'assistance.

« Très bien merci ; posons-nous maintenant la question de savoir ce que c'est que d'avoir une relation forte avec quelqu'un. Je souhaite profiter de cette prise de parole pour remercier quelqu'un dans la salle qui m'a permis de travailler avec votre belle marque il y a maintenant dix ans. Je vais lui demander de monter sur scène avec moi.

Merci Jim de m'avoir donné cette superbe opportunité de travailler pour le réseau Carnegie. Pour te remercier Jim, j'aimerais te faire un cadeau. »

Il sort alors de sa poche une balle de *baseball* et lui remet.

« Je sais que tu es *fan* de *baseball*, aussi je voulais te faire cadeau de cette balle. »

Assis sur ma chaise, je me dis alors que c'est bien la peine d'en faire trois caisses pour offrir une balle à cinq dollars.

« Maintenant Jim, tu constateras que cette balle est spéciale ; elle est dédicacée par Willie Mays, un des plus grands joueurs de tous les temps, aujourd'hui âgé de 91 ans.

Quand tu étais enfant, tu allais au stade avec ton père pour assister aux matchs de Willie ; tous les dimanches, c'était votre moment à vous deux. Tu ne ratais pas un match, tu avais tous les posters de Willie dans ta chambre, tu rêvais de le rencontrer mais tu ne l'as jamais fait. Eh bien, Willie Mays a écrit un message sur cette balle juste pour toi. »

Jim pris alors la balle et fondit en larmes devant l'auditoire médusé. Le formateur se retourna alors vers nous et nous demanda :

« Maintenant pensez à votre meilleur client ; levez la main, ceux d'entre vous qui pensez avoir une relation particulièrement forte avec lui/elle. »

Plus personne ne leva la main. Je pris conscience à ce moment-là que si j'appréciais particulièrement mon client et que c'était réciproque, j'étais dans l'incapacité totale de lui offrir un cadeau qui puisse le toucher émotionnellement. Je comprenais que je ne m'étais intéressé à lui que de façon superficielle.

Pensez-y. Quel cadeau « émotionnel » seriez-vous capable de faire à votre meilleur client ?

Pour créer une relation forte et sincère avec les autres, je ne saurai trop recommander à chacun d'entre nous de lire et relire le bijou de Dale Carnegie, *Comment se faire des amis*[6]. Dixième plus grande vente de tous les temps et bible incontestée de la relation à l'autre.

Si l'on applique les neuf premiers principes de ce livre aux interlocuteurs de notre premier cercle, ils nous permettront de créer un lien de sympathie particulièrement fort :

- principe 1 : **ne critiquez pas, ne condamnez pas, ne vous plaignez pas** !

  La critique est vaine parce qu'elle met notre client/prospect sur la défensive et le pousse à se justifier. La critique est dangereuse parce qu'elle blesse l'amour-propre et qu'elle provoque la rancune.

  La plainte repousse l'autre ; nous sommes attirés par les personnes positives, pas celles qui se lamentent ;
- principe 2 : **complimentez** honnêtement et sincèrement.

  Le principe le plus profond de la nature humaine, c'est la soif d'être apprécié.

  On peut complimenter sincèrement, même quelqu'un qu'on n'apprécie pas. Tout individu a des qualités que nous sommes capables d'estimer, si nous mettons notre *ego* et fierté de côté ;
- principe 3 : **suscitez un vif désir de faire ce que vous proposez et motivez**.

  Ce principe implique que notre offre est perçue par notre prospect/client comme un des leviers pour sa propre réussite (voir les paragraphes sur le lien fonctionnel) ;
- principe 4 : **intéressez-vous réellement aux autres**.

  Vous vous ferez plus de relations fortes en deux mois en vous intéressant sincèrement aux autres que vous ne pourriez en conquérir en deux ans en vous efforçant d'amener les autres à s'intéresser à vous ;
- principe 5 : ayez le **sourire**.

  Un sourire ne coûte rien, mais crée beaucoup. Il enrichit celui qui le reçoit sans appauvrir celui qui le donne ;

6 Livre de Poche, 1975.

- principe 6 : souvenez-vous que le **nom d'une personne** revêt pour elle une grande importance.

  Faire l'effort de mémoriser les noms, les prénoms de nos interlocuteurs, c'est montrer qu'on s'intéresse à eux ;
- principe 7 : sachez **écouter**. Encouragez les autres à parler d'eux-mêmes. (Voir l'anecdote sur le cadeau émotionnel.) ;
- principe 8 : **parlez à votre interlocuteur de ce qui l'intéresse**.

  Nos clients/prospects ne s'intéressent pas à nous, mais à ce que nous pouvons faire pour eux ;
- principe 9 : faites sentir aux autres leur **importance** et faites-le sincèrement.

  Nous avons tous le besoin de nous sentir appréciés, utiles, importants. Si nous l'exprimons de façon sincère à nos clients/prospects (par exemple : « Ce serait une grande fierté pour moi de collaborer avec votre belle entreprise en général et vous en particulier »), nous leur donnerons envie de travailler avec nous.

On pourrait ajouter à cette liste un atout qui peut être redoutable : l'**humour**.

J'adore l'humour, c'est d'ailleurs la raison pour laquelle j'ai demandé à Jean-Michel de rythmer ce livre avec ses dessins décalés.

L'humour est effectivement une arme puissante pour créer le lien, à condition d'en avoir (de l'humour).

Mon conseil : n'utilisez l'humour que si vous en avez et que lorsque vous avez déjà établi avec votre client/prospect le second élément de la confiance : la crédibilité.

◆ Comment renforcer la crédibilité ?

Voici neuf principes de crédibilité que j'ai pu expérimenter avec le temps ; ils sont tous très efficaces :

- principe 1 : avoir **confiance en soi**.

  Si on veut donner confiance, il faut projeter une image de confiance, c'est-à-dire savoir gérer ces émotions en situation à enjeux. La bonne nouvelle, c'est que ça se travaille ;

- principe 2 : **faire simple**.

  « Si tu ne sais pas l'expliquer simplement, c'est que tu ne le comprends pas assez bien » (d'après Einstein). Celui qui sait expliquer des concepts complexes de façon simple emportera l'adhésion. À l'inverse de celui qui a tendance à tout compliquer pour se donner de l'importance ;

- principe 3 : faire preuve d'**humilité**.

  Ne jamais se considérer comme supérieur est un grand signe de supériorité. Spécialement en France, le culte du superhéros passe très mal ;

- principe 4 : **reconnaître ses erreurs**.

  En trente ans de carrière, je crois pouvoir compter sur les doigts d'une main les *leaders* de grande entreprise reconnaissant publiquement une erreur ; c'est pourtant un grand signe de lucidité et une façon de renforcer notre crédibilité (à condition de ne pas se tromper trop souvent) ;

- principe 5 : **assumer**.

  Couvrir son équipe dans le cas d'une défaillance plutôt que « tirer sur l'ambulance », c'est projeter une forte image de *leadership* ;

- principe 6 : **contrôler son attitude** sous pression.

  « C'est dans la tempête qu'on reconnaît le marin » ; garder son calme et maintenir le cap, quel que soit le niveau d'adversité ;

- principe 7 : **gérer son temps** et respecter celui des autres.

  La façon la plus simple de gagner des points (ou d'en perdre) : être ponctuel, savoir gérer une durée de *meeting* à la minute près, reprogrammer un *meeting* quand le temps que notre client/prospect nous a accordé est échu ;

- principe 8 : avoir du **courage**.

  Oser sortir de sa zone de confort en acceptant parfois des missions qui peuvent nous mettre en danger, mais qui aideraient un de nos clients/prospects à sortir d'une impasse ;

→ Principe 9 : être **exemplaire**.

La vente, c'est souvent du mimétisme. Si je veux que mes clients/prospects se comportent d'une certaine façon avec moi, je dois modéliser ce comportement.

Voilà, vous savez maintenant relationner en identifiant votre réseau d'influence et en renforçant les liens fonctionnels et relationnels avec votre premier cercle.

Pour finir ce chapitre, partageons avec humour l'expérience de ce chef d'entreprise qui explique à son fils, le jour où il lui cède son entreprise, les trois clés du commerce :

« Pour réussir mon fils, il te faudra toute ta vie respecter les trois règles d'or du commerce.

La première, aime tes clients, traite-les chaque jour avec bienveillance car ce sont eux qui te font vivre.

La deuxième, respecte tes engagements. Quoi qu'il arrive, même si tu es alité avec une fièvre de cheval ou une jambe dans le plâtre, tu dois tenir tes promesses. La réputation, c'est le plus important dans notre métier. Pour la garder, tu dois faire un sans-faute toute ta carrière. Si tes produits sont les meilleurs, mais que tu n'es pas reconnu comme crédible, tu coules.

- Et la troisième règle d'or ? lui demande son fils.
- Surtout, évite de promettre. »

4
Faire (la différence)

Faire est le propre de l'entrepreneur. Tous les jours nous prenons des décisions et agissons. La question est : comment prendre les bonnes décisions ? Autrement dit, comment être sûr que nos actions apportent une réelle valeur sur notre marché ?

Si je vous demande qui a inventé le fil à couper le beurre, vous aurez du mal mais si je m'oriente sur l'ampoule, la plupart sauront me répondre Thomas Edison. D'après Edison, l'important n'est pas le prix de l'ampoule, mais la valeur de la lumière.

Pour notre offre, c'est la même chose ; l'important n'est pas le prix que nous proposons mais la valeur qu'elle apporte.

Pour démontrer cette valeur et faire la différence, le premier élément à travailler est d'affûter nos arguments.

Construire les arguments qui nous rendent uniques

Quand on parle d'argument, on parle de fait incontestable, pas de jugement.

Ainsi :

Argument	Type	Opposition
Nous avons une grande expérience sur le marché	Jugement	Contestable
Nous avons vingt-cinq ans d'expérience sur le marché	Fait	Incontestable

L'avantage du fait *versus* le jugement, c'est que l'on évitera ainsi de se prendre une objection directe.

Ainsi, « Nous sommes les meilleurs du marché » aura tendance à générer une légère tension chez votre prospect, car vous lui démontrez inconsciemment qu'il ne sait pas faire son métier en travaillant avec des secondes mains.

En vente, on parle de deux types d'arguments :

- les arguments qui nous rendent uniques ;
- les arguments qui nous rendent crédibles.

Les arguments d'unicité

La première catégorie d'arguments est indispensable pour faire la différence. Sinon, nous sommes un élément *lambda* dans le décor. Aucune chance que nos prospects tentent l'aventure avec nous.

Ainsi, quand j'ai créé ma première société de formation, je me suis vite interrogé sur mes arguments différenciants et la réponse est tombée, implacable : aucun. Aucune méthode particulière, aucune originalité, rien.

Certes, je mesure 1,93 mètre et ce n'est pas donné à tout le monde. Cependant, je doute que mes futurs prospects me suivent uniquement pour ça. J'ai aussi travaillé douze ans dans une superbe multinationale : et alors ? J'ai un Renault Espace 5 : Ok j'arrête, je fais pitié.

Devant ce constat désespérant, deux options : j'entre dans le marché des 65 000 organismes de formation et autres *coachs* déclarés et fais ce que je peux. Ou je choisis de sortir du lot en apportant une valeur différente.

En choisissant la seconde option et la licence de la marque Dale Carnegie, j'ai pu proposer à mes clients pas moins de quinze arguments qui me rendent totalement unique sur le marché.

Je les ai organisés autour de cinq segments :

1	**Notre histoire**	Dale Carnegie est l'inventeur de la formation professionnelle. Plus d'un siècle d'existence. Auteur du best-seller Comment se faire des amis (50 millions d'exemplaires vendus).
2	**Notre organisation**	200 agences présentes dans 100 pays. Possibilité d'animer en 23 langues. Trois centres de recherche au niveau mondial.

3	**Notre méthode**	Calcul de ROI (retour sur investissement) sur chaque stage. Cycle de développement exclusif des performances en quatre temps. Certification ISO 9001 sur notre marque.
4	**Nos formateurs**	Professionnels formateurs et non formateurs professionnels. 180 h de certification pour devenir formateur Carnegie. 96 % de taux de satisfaction en moyenne sur nos programmes.
5	**Nos clients**	8 millions de personnes formées dans le monde. 400 des 500 premières entreprises mondiales clientes (classement Fortune 500). 100 références de premier plan en France (liste diffusée systématiquement en support d'offre).

Vous avez compris le principe pour faire la différence grâce à vos arguments ? Alors à vous.

À vous de jouer !

Vos arguments différenciants :

Les arguments de crédibilité

La seconde catégorie d'arguments est appelée « arguments de crédibilité ».

Ceux-ci vont renforcer notre position, mais pourront être trouvés également chez certains de nos concurrents.

EXEMPLE

Dans notre cas, nous avons un catalogue de formation interentreprises de quinze programmes (interentreprises veut dire que nous accueillons sur un même programme des collaborateurs de différentes sociétés). Cet argument nous distingue du tout-venant de la formation professionnelle, car cela veut dire que nous avons des locaux et une force de frappe commerciale pour remplir nos stages. Cela nous crédibilise donc.

En revanche, le *leader* de la formation française propose 1 500 programmes interentreprises ; nous sommes donc des personnes de petite taille par rapport à eux.

Avoir un site Internet, une équipe commerciale, un *showroom*, des clients prestigieux ou tout autre élément renforcera votre position.

À vous de jouer !

Vos arguments de crédibilité :

Connaissez-vous le *Kintsugi* ? Au Japon, il s'agit d'un art séculaire qui consiste à réparer les poteries cassées avec de l'or. Au lieu d'essayer de cacher les cicatrices de l'objet, le but du *Kintsugi* est de les mettre en avant, pour montrer qu'elles font partie de son histoire, et qu'elles peuvent le rendre encore plus résistant, et plus beau.

Ainsi, on peut également tirer d'une faiblesse apparente une force singulière qui pourra séduire nos interlocuteurs. Par exemple, être une petite entreprise en taille ne saurait être considéré comme un complexe, mais plutôt comme un atout de réactivité. À méditer.

Utiliser une batterie de preuves originales

En vente comme ailleurs, la preuve renforce le fait.

Enchaîner des preuves derrière nos arguments va permettre d'asseoir notre propos et engager davantage notre interlocuteur à nous suivre.

À l'usage, les quatre preuves que je trouve les plus efficaces sont : la démonstration, l'exemple, le témoignage et l'anecdote.

La démonstration

Il s'agit de prouver physiquement la **véracité d'un argument**.

EXEMPLE

Un grand laboratoire pharmaceutique nous a demandé de former ses équipes commerciales à la vente d'un nouveau produit. Celui-ci utilisait un nouvel adhésif révolutionnaire permettant une parfaite adhésion sur la plaie, élément essentiel pour limiter les désagréments d'épanchement pour les patients.

Les commerciaux avaient du mal à vendre le surcoût, car ils s'appuyaient sur des arguments techniques qui ne convainquaient pas.

Nous avons opté pour la démonstration ; chaque vendeur avait avec lui l'adhésif et à un moment de la vente, demandait au chirurgien s'il pouvait se prêter à une expérience.

Il lui prenait la main, collait le pansement sur les bosses du poing du chirurgien, zone particulièrement sinueuse ; le pansement une fois posé faisait un tel effet ventouse que le client comprenait immédiatement le bénéfice patient.

L'exemple

Il s'agit d'illustrer la **pertinence** de notre solution par une réalisation dans une entreprise équivalente.

EXEMPLE

Nous avons mis en place un programme de vente sur les responsables de boutique d'une grande marque de luxe, dans plus de trente pays ; le taux de réussite global de l'action a été de 93 %. Cette réussite nous a ouvert d'autres portes dans le secteur.

Le témoignage

Principe du **bouche-à-oreille**, vieux comme le monde.

Cinquante pour cent de nos nouveaux clients conquis en 2022 l'ont été sur la base d'une recommandation obtenue. On peut aussi solliciter de nos clients qu'ils nous recommandent ; une bonne façon de vérifier le niveau de relation que nous avons créé, car la recommandation est un acte qui engage et se fait donc avec mesure.

Le témoignage est le prolongement de l'exemple.

EXEMPLE

Nous avons mis en place un programme de vente sur les responsables de boutique d'une grande marque de luxe, dans plus de trente pays. Le taux de réussite global de l'action a été de 93 %. Cette réussite nous a ouvert d'autres portes dans le secteur.

Je vous conseille d'ailleurs d'appeler de ma part Mme X, la directrice du développement, qui pourra vous faire un retour sur les résultats concrets mesurés.

L'anecdote

Il s'agit de raconter une **histoire** qui permette de prendre conscience de l'importance de l'argument.

EXEMPLE

Connaissez-vous l'étude passionnante "*Significant object*" menée aux États-Unis par le journaliste Rob Walker et l'écrivain Joshua Glenn ?

Leur objectif : démontrer que l'effet d'un récit sur la valeur subjective d'un objet peut être mesuré objectivement. En clair, que raconter une histoire fait vendre.

Ils ont mis des objets « gadgets » en vente sur eBay et, au bout de trois semaines, personne n'en avait acheté.

Ils ont alors demandé à plus de deux cents écrivains d'écrire une histoire autour de l'objet et de la poster en commentaire. Les objets, achetés en moyenne 1,25 dollar pièce, se sont alors vendus au total à près de 8 000 dollars. Par exemple, un petit labyrinthe en plastique est passé de 0,29 dollar à 11,50 dollars.

Maintenant, c'est à vous, écrivez ci-après vos preuves pour faire la différence.

Vos preuves :

....
....
....
....
....
....
....

Tous ces types de preuves ont un réel impact sur notre interlocuteur. Encore faut-il savoir les « théâtraliser », c'est-à-dire les raconter. Au même titre qu'il faut savoir raconter une blague pour faire rire, il faut savoir partager une preuve pour engager.

Une anecdote célèbre circule sur Steve Jobs, l'un des entrepreneurs les plus brillants de l'histoire. Je ne sais pas si elle est vraie, mais je la trouve intéressante.

Elle est racontée par un ancien employé d'Apple, Tomas Higbey :

« Je travaillais à NeXT l'été 1994. Je prenais une pause avec deux collègues à la cantine quand Steve Jobs vient nous voir et nous demande : "Qui est la personne la plus importante du monde ?"

À l'époque, j'ai dit Mandela. Et là, Steve nous lance :

"Non ! La personne la plus puissante du monde est le *storyteller*[7]."

Steve Jobs a continué :

"Le *storyteller* crée la vision, les valeurs et le déroulé de toute une génération. Et Disney est en train de prendre le monopole sur le *business* du *storytelling*[8]. Vous savez quoi, je vais devenir le prochain *storyteller*". »

C'est une réalité : celui qui raconte le mieux son histoire, son produit, ses valeurs, va plus loin.

Gérer les résistances de façon professionnelle

Faire la différence, c'est notamment être capable de **renverser une situation mal embarquée** – particulièrement lorsque l'on est sous le feu d'objections.

Ainsi, dans une discussion commerciale, au départ, tout se passe souvent de façon courtoise. On parle calmement, l'autre nous écoute et réciproquement. On dit qu'on est en mode **dialogue**.

Cependant, à n'importe quel moment de l'échange, la situation peut se tendre : soit parce que nous avons dit quelque chose qui a heurté notre interlocuteur (du style : « Nous sommes les meilleurs sur le marché de la formation »), soit parce que nous avons tenté d'engager notre interlocuteur dans l'action (du style : « Je vous en mets combien ? »).

Dans ces deux cas, l'**objection** risque de fuser.

Prenons l'objection classique du prix : « Vous êtes beaucoup trop chers ! »

7 Conteur d'histoire.

8 Le *storytelling* est littéralement le fait de raconter une histoire à des fins de communication. En marketing, on peut également l'appeler communication narrative.

Lorsqu'on est moyennement préparé ou pas préparé du tout, nous risquons de réagir de deux façons :

- **la violence** : je me sens agressé et je rentre dedans à mon tour.

  Pour l'objection prix, la réponse en mode violence serait alors : « Quand on n'a pas les moyens, on ne fait pas de formation » ;

- **le silence** : je fais le dos rond et botte en touche.

  Pour l'objection prix, la réponse en mode silence serait alors : « Je vous propose qu'on voit ce point plus tard. »

Dans les deux cas, je ne traite pas l'objection et ne peux donc convaincre mon client/prospect.

Lorsque j'ai débuté en tant qu'entrepreneur, je craignais les objections et, la plupart du temps, je les évitais. Notamment celle du prix. Je me savais dans la fourchette haute du marché.

En effet, la plupart des 65 000 *coachs* et consorts vendent entre 500 et 1 500 € HT la journée de formation ; la différence entre les premiers et les seconds ? La confiance en soi.

De notre côté, nous sommes plutôt vers 2 500 € HT par jour, dans la moyenne des grands intervenants du secteur, mais largement au-dessus du *coach* de base.

Je me souviens de mon premier projet d'envergure (10 K€) présenté à un client.

Je vends le projet avec l'enthousiasme du débutant qui pense que tout est possible et j'arrive sans trop d'encombres sur la partie budget. Je montre alors le *slide* « Investissement » et observe la réaction de mon prospect. Rien.

Aucune réaction, pas de question, pas de remarque et encore moins d'objections, je passe donc vite fait au *slide* suivant.

Lorsque je rappelle quinze jours plus tard pour prendre la commande, le prospect me renvoie le budget dans la face, trop élevé.

« Mais vous ne me l'avez pas dit quand je vous l'ai présenté ? objectai-je piteusement.

- Vous ne me l'avez pas demandé. »

Depuis, j'ai appris et changé radicalement de technique. Aujourd'hui, je provoque l'objection.

J'arrive au *slide* « Investissement », j'observe la réaction du client et s'il ne dit rien, je lui dis : « C'est bien le budget que vous aviez prévu ? »

Là, deux cas de figure : il me dit qu'il ne sait pas ou qu'il n'y a pas vraiment réfléchi et je passe. Il me dit que c'est plus élevé et j'entre en gestion d'objection.

On considère souvent que la vente commence à l'objection.

Autrement dit, pas d'objection, pas de vente. L'objection est donc la meilleure chose qui puisse nous arriver. Ce qui est étonnant avec l'objection, c'est qu'on en a peur, à l'inverse d'une question qu'on va rechercher. Pourtant, les deux sont proches et les réponses faites à une objection et à une question sont souvent les mêmes.

EXEMPLE

Si je vous dis :

« 2 500 € HT/ jour ? Mais c'est hors de prix ! » On est bien sur une objection.

« Qu'est-ce qui justifie un prix à 2 500 € HT/jour ? » On est là sur une question.

Pourtant, dans les deux cas, il faudra justifier notre prix, les réponses seront donc proches, voire identiques.

En fait, l'objection, c'est une question avec une tension. La personne qui nous la lance est mal à l'aise, elle ne sait pas comment nous le dire, alors ça sort parfois un peu brut de décoffrage.

La difficulté est que, si on répond du tac au tac alors que la personne est sous tension, il y a très peu de chances qu'elle nous écoute.

La méthode que nous allons utiliser pour répondre va donc être en deux temps :

- je descends la tension ;
- j'argumente une fois la tension descendue.

Descendre la tension

Un certain nombre de méthodes de vente vous encouragent à renvoyer systématiquement l'objection par une question.

EXEMPLE

« 2 500 € HT/ jour ? Mais c'est hors de prix ! »

« Que voulez-vous dire par là ? » ou « Hors de prix par rapport à quoi ? »

De mon côté, je trouve cette approche le plus souvent inadaptée.

En effet, nous recevons **deux types d'objections** :

- celles qui sont explicites/claires.

  L'objection prise ci-avant entre dans ce cas ; c'est clair. Questionner pour clarifier une objection déjà claire risque d'avoir l'effet inverse du but recherché. Au lieu de descendre la tension de notre interlocuteur, nous allons l'agacer encore plus.

Idem pour la reformulation. Inutile à utiliser si l'objection est claire. Quand l'objection est claire, on répond ;

- celles qui sont peu claires.

  Par exemple : « Les formations Dale Carnegie ne fonctionnent pas. » Difficile pour moi de répondre, car je ne comprends pas l'objection. Là, j'ai besoin de questionner pour clarifier.

  « C'est-à-dire, Monsieur ? Vous avez fait une formation vous-même et n'avez vu aucun effet ? » ou bien : « Quelqu'un de votre entourage vous a remonté ce *feedback* ? »

  Mon interlocuteur va clarifier et là, je pourrai répondre.

L'objection étant maintenant clarifiée, le premier temps est de baisser la tension par un **amorti**.

À chaque fois que j'évoque ce terme, je ne peux m'empêcher d'avoir une pensée pour le grand champion Vitas Gerulaitis, grand spécialiste des amortis et sa célèbre réplique lors de sa victoire sur Jimmy Connors en demi-finale des Masters de tennis masculin de 1979, après seize défaites consécutives.

L'Américain déclara : « Et que ce soit une leçon pour vous tous. Personne ne bat Vitas Gerulaitis dix-sept fois de suite. »

Mais revenons à notre objection prix.

EXEMPLE

Voici quelques exemples d'amortis que nous pourrions utiliser sur cette objection :

- Il est vrai que c'est un investissement.
- Je comprends que ça représente un certain budget.
- Merci de me donner l'opportunité de clarifier le budget.
- J'entends tout à fait que le budget soit un point important.
- ...

Toutes ces phrases d'amortis permettent de descendre la tension de l'interlocuteur en montrant que vous avez écouté et que vous faites preuve d'empathie.

Toutefois, en aucun cas l'amorti ne répond à l'objection. Il faut donc lui ajouter un argument.

Argumenter

Nous avons découvert, au début de ce chapitre, comment formaliser nos arguments de spécificité, de crédibilité, le tout complété par des preuves. C'est donc dans cette liste que nous allons piocher pour répondre.

En vingt ans d'entrepreneuriat dans le domaine de la formation, j'ai reçu en tout et pour tout une dizaine d'objections. Elles sont toujours les mêmes.

J'imagine que ce sera exactement pareil pour vous.

Il suffit donc de lister ces objections et de mettre en place le ou les arguments que nous allons utiliser.

EXEMPLE

Dans mon cas, toujours sur l'objection prix, l'enchaînement pourrait être le suivant :

« 2 500 € HT/ jour ? Mais c'est hors de prix ! »

Amorti : « Je comprends tout à fait que cela représente un investissement. »

Argument : « Nous travaillons avec 400 des 500 premières sociétés internationales avec lesquelles nous nous engageons sur des ROI (retour sur investissement). »

Preuve : « Nous avons ainsi mis en place récemment un parcours de management au sein de l'entreprise X et avons obtenu, à l'issue du cursus de six mois, une augmentation de deux points sur l'étude d'engagement annuelle menée par les RH de l'entreprise. »

La plupart du temps, vous l'avez remarqué, notre amorti va dans le sens de notre client. Il s'agit de la plus commune des quatre tactiques de traitement de l'objection. Cette tactique est appelée l'« **accord** ».

Attention, nous ne disons pas qu'il a raison, mais que nous comprenons que la question puisse être posée.

La nuance est importante. Ainsi, l'amorti « vous avez raison » est à bannir.

EXEMPLE

« 2 500 € HT/ jour ? Mais c'est hors de prix ! »

Amorti : « Vous avez raison. »

On pourrait ajouter pour se finir : « Vous n'êtes pas le premier à me le dire… »

L'amorti utilisé précédemment (« Je comprends tout à fait que cela représente un investissement ») est beaucoup plus habile et nous permettra de descendre la tension tout en maintenant toutes nos chances de vendre.

À l'inverse, il peut arriver que l'on soit en « désaccord » sur une objection client.

Exemple

Sur mon objection : « Les formations Dale Carnegie ne fonctionnent pas. »

Imaginons qu'après clarification, mon prospect en a lui-même suivi une il y a dix ans et n'en a tiré aucun bénéfice. Hypothèse parfaitement fantaisiste, mais passons.

Mon amorti de désaccord doit être subtil, car je ne veux pas le braquer ; en même temps, je ne peux accepter cette objection sans répondre.

Dans le cas d'un désaccord, les deux techniques les plus pertinentes sont :

- l'**étonnement**.

  Amorti : « Je suis vraiment étonné d'entendre cette mauvaise expérience, Monsieur. »

  Argument : « Dale Carnegie, c'est 96 % de taux de satisfaction en moyenne sur l'ensemble de nos programmes, donc les formations Carnegie fonctionnent » ;

- la **déception**.

  Amorti : « Je suis vraiment déçu d'entendre cette mauvaise expérience, Monsieur. »

  Argument : « Dale Carnegie, c'est 96 % de taux de satisfaction en moyenne sur l'ensemble de nos programmes, donc les formations Carnegie fonctionnent. »

Troisième tactique possible à appliquer : « **inverser l'objection** ».

À mes débuts avec la marque Carnegie, j'ai souvent pris l'objection suivante : « Carnegie, *Comment se faire des amis*, c'est 1926 ! Vous n'avez pas trouvé quelque chose de plus moderne à vendre » ?

Au début, j'étais souvent déstabilisé par cette objection et j'ai donc ressenti le besoin de travailler la réponse. Maintenant, je l'ai et j'attends avec impatience qu'on me la lance pour l'inverser :

- amorti : « C'est amusant que vous disiez ça, Monsieur, car j'avais au démarrage de mon partenariat avec Dale Carnegie, un peu la même image que vous » ;

- argument : « Avec le recul, je me dis que c'est la raison pour laquelle j'ai choisi de lancer mon entreprise avec Dale Carnegie : c'est la seule société de formation au monde ayant plus de cent ans d'expérience sur le marché. »

Enfin, la dernière tactique est la spécialité des hommes politiques : **ignorer l'objection**.

Il faut du talent et une bonne dose de pratique, mais il suffit de regarder une émission rassemblant nos gouvernants pour la voir à l'œuvre.

EXEMPLE

Exemple noté lors d'un récent débat :

« Monsieur X, vous étiez proche de Poutine et maintenant, vous avez changé d'avis ? »

Amorti : « Je vous remercie de me donner l'opportunité de clarifier ce point. »

Argument : « Avant de vous répondre, il me semble important de préciser plusieurs éléments. »

S'ensuit un long monologue qui noie le poisson et joue la montre. La plupart des journalistes étant « bienveillants » avec leurs camarades de chambrée, très rares sont les rappels à l'ordre. La réponse à l'objection ne viendra donc jamais.

Dernière astuce pour faire la différence par la qualité de votre traitement d'objection : choisissez vos batailles.

En effet, il m'est arrivé de tomber face à des prospects qui nous avaient interrogés visiblement pour servir de lièvre. Ça sentait à plein nez le prestataire déjà identifié mais une envie d'avoir des alternatives pour lui mettre la pression et renégocier le *deal* avec lui ; aucune envie d'arrêter avec lui et donc aucune envie de nous faire travailler.

Dans ce cas, j'utilise le « **cloisonnement d'objections** ».

EXEMPLE

Je reprends mon exemple du prix.

Objection : « 2 500 € HT/ jour ? Mais c'est hors de prix ! » (Vous allez vraiment finir par le penser, du coup.)

Amorti : « Je comprends tout à fait que cela représente un investissement. »

Cloisonnement : « Si nous trouvons une solution qui vous convienne sur le prix, est-ce que nous travaillerons ensemble ? »

La plupart du temps, d'autres objections suivront et on perdra l'affaire. En revanche, on gagnera un temps précieux.

Penser à la vente additionnelle

Une bonne façon de développer notre entreprise et de faire la différence est de viser plus haut. On peut se contenter de vendre un produit, une solution à un client.

Mais le rapport énergie fournie/retour sur investissement est finalement faible.

On peut également tenter de construire un projet global avec des recommandations, des options, ce qui nous permettra de proposer une **offre plus complète**.

J'y vois un double avantage :

- monter très naturellement notre chiffre d'affaires sans décrocher plus de clients, donc sans efforts ;
- nous inscrire dans la durée et sécuriser notre activité.

Par exemple, dans notre domaine de la formation, nous intégrons systématiquement des entretiens préalables avec les participants et leurs *managers*, des parcours de formation en briques de compétences progressives, des bilans à chaud et à froid.

Le maître de la vente additionnelle reste le vendeur présenté ci-après ; il reste un modèle à suivre.

Un vendeur se présente pour un emploi dans un Super Bazar ou l'on vend de tout. Le patron décide de lui faire confiance. À la fin de la première journée, il revient pour voir ce qu'il a bien pu vendre.

« J'ai réalisé une seule vente, patron, car il n'est venu qu'un client. Je suis désolé, je sais que ce n'est pas brillant. Ça reste une vente à 100 000 dollars, mais je suis sûr que je peux faire mieux.

- Tu as vendu pour 100 000 dollars en une fois ?
- Ben oui. Un monsieur est entré et je lui ai vendu un hameçon. Puis je lui ai proposé une petite canne à pêche au lancer et une série de mouches. Je lui ai alors expliqué qu'il ne pouvait pêcher efficacement sans être bien équipé, donc j'ai ajouté la grande canne à pêche avec la ligne, les bouchons et un moulinet. Comme j'ai senti qu'il aimait le paraître, pour qu'il soit élégant devant les autres pêcheurs, je lui ai vendu l'équipement, les bottes, le ciré, le bob.

Je lui ai demandé ensuite où il allait pêcher, il m'a dit sur la côte. Je lui ai conseillé d'acheter un bateau pour pêcher au large et être tranquille. Je lui ai vendu le hors-bord de douze mètres avec deux moteurs. Comme il ne savait pas comment emmener son bateau sur la côte, je lui ai vendu la nouvelle Mercedes et une remorque pour tracter le bateau.

On a fait les comptes ; ça faisait 101 124 dollars et je lui ai fait un prix à 100 000. J'espère que j'ai bien fait, car il payait *cash*. Il est passé à la banque et est revenu trente minutes après avec l'argent ; les sous sont dans la caisse. »

Le patron est scié, complètement ahuri, assis par terre. Il n'en croit pas ses oreilles, il regarde l'argent dans la caisse et dit :

« Tu as vendu une Mercedes et le hors-bord à un gars qui venait pour acheter un hameçon ?

- Heu non, pas vraiment, patron. Le client, il venait au départ pour acheter une boîte de Tampax pour sa femme, alors je lui ai dit : "Puisque votre *week-end* est compromis, pourquoi n'iriez-vous pas à la pêche ?" »

Consacrer du temps à la vente

Pour faire la différence, il faut accorder du temps à la vente. Nombreux sont les entrepreneurs qui négligent ce temps. Les prétextes sont nombreux : administratif, management, golf, ou autre.

Et vous, savez-vous combien de temps vous y consacrez ?

Faire un audit de son temps

Une fois par an, j'ai développé une habitude que je vous recommande : faire un audit de mon temps.

Pour ce faire, je reprends mon activité sur un mois type ; dans mon cas, souvent juin.

Puis, je reprends mon agenda de juin et retrace mon activité semaine par semaine par type de tâches en remplissant le tableau page suivante :

Jour / Heure	Lundi	Mardi	Mercredi	Jeudi	Vendredi
Avant 7 h					
7 h – 7 h 30					
7 h 30 – 8 h					
8 h – 8 h 30					
8 h 30 – 9 h					
9 h – 9 h 30					
9 h 30 – 10 h					
10 h – 10 h 30					
10 h 30 – 11 h					
11 h – 11 h 30					
11 h 30 – 12 h					
12 h – 12 h 30					
12 h 30 – 13 h					
13 h – 13 h 30					
13 h 30 – 14 h					
14 h – 14 h 30					
14 h 30 – 15 h					
15 h – 15 h 30					
15 h 30 – 16 h					
16 h – 16 h 30					
16 h 30 – 17 h					

Jour / Heure	Lundi	Mardi	Mercredi	Jeudi	Vendredi
17 h – 17 h 30					
17 h 30 – 18 h					
18 h – 18 h 30					
Après 18 h 30					

Dans mon cas, les tâches sont les suivantes :

1. démarche commerciale (appels, rendez-vous client ou prospect) ;
2. travail offre commerciale client ;
3. travail offre pédagogique client ;
4. marketing ;
5. management ;
6. administratif ;
7. associatif ;
8. réseau ;
9. animations (formation, conférence…) ;
10. déplacements ;
11. déjeuner.

Puis, je comptabilise le temps que j'ai passé sur chaque thème. Je me suis fixé comme objectif de passer au moins 50 % de mon temps sur tout ce qui touche à la relation client (à savoir les points 1, 2 et 11).

À noter qu'avec la Covid-19, j'ai supprimé tout rendez-vous physique prospect que j'ai remplacé par la visio ; ça m'a changé la vie (surtout à Paris) et le point 10 a fondu comme neige au soleil. Le tout sans impact sur la relation car nous avons tous été « éduqués » de force au virtuel et que ce nouveau mode de communication sied à tout le monde.

Vous avez compris le principe, alors c'est à vous :

Indiquez ici le pourcentage de votre temps que vous passez en relation client : … %

Si ce chiffre est inférieur à 20 %, alors il vous faut agir.

Les axes à prioriser pour faire la différence

Pour faire la différence, deux axes sont à prioriser.

◆ Déléguer tout ce qui peut l'être à des personnes de qualité

Lorsque j'ai pris la marque Carnegie, j'animais 80 % des formations que je vendais. J'y trouvais une satisfaction et j'aimais ça. Toutefois, j'ai vite réalisé que si je voulais développer mon entreprise, il me fallait monter en puissance une équipe pour prendre le relais.

J'ai travaillé sur mon *ego* qui pensait que, forcément, ce serait mieux animé si c'était moi. Mission accomplie. Aujourd'hui, avec une superbe équipe de trente formateurs *managés* par une non moins superbe directrice associée, les *feedbacks* clients sont excellents, donc le point « animation » est pratiquement soldé.

Je gère encore les moutons à cinq pattes et quelques clients pour rester crédible auprès de mes équipes, mais mon objectif est clairement de supprimer totalement le point 9.

◆ Revoir votre propre organisation personnelle pour gagner en efficacité

Là encore, je ne saurai trop vous conseiller de vous appliquer à la lettre les sept lois de gestion du temps suivantes, que je trouve particulièrement structurantes :

- loi 1 : Pareto – loi des **20/80**.

  La plus connue de toutes les lois : 20 % de nos actions génèrent 80 % de nos résultats.

  Application : mettons notre énergie sur l'essentiel (notamment, ce qui ne peut être délégué) ;

- loi 2 : Laborit – loi de la **recherche du plaisir**.

  L'homme est doté d'un programme de survie biologique qui lui fait fuir le stress et rechercher d'abord le plaisir.

  Application : faisons-le plus dur en premier et nous serons plus sereins ;

- loi 3 : Illich – loi de la **contre-productivité**.

  Au-delà d'un certain temps passé sur une tâche, on devient moins productif, voire contre-productif.

  Application : faisons des pauses ;

- loi 4 : Murphy – loi de l'« **emmerdement maximal** ».

  Une tâche prendra toujours plus de temps que vous ne le pensez. Et ce qui peut mal tourner tournera mal.

  Application : laissons une marge pour l'imprévu ;

- loi 5 : Parkinson – loi de **dilatation du temps**.

  Tout travail tend à s'étendre pour occuper tout le temps disponible.

  Application : imposons-nous des échéances ;

- loi 6 : Taylor – loi de **rationalisation des tâches**.

  L'ordre dans lequel nous effectuons une série de tâches a une influence directe sur le temps qu'elles nous prennent.

  Application : organisons nos tâches dans l'ordre ;

- loi 7 : Carlson – loi de **séquence continue**.

  Tout travail interrompu en cours de route sera moins efficace et prendra plus de temps que s'il était effectué en continu.

  Application : soyons "*focus*", évitons les intrusions.

Vous savez ce qu'on dit. Le temps, c'est de l'argent. Pourtant, si on y réfléchit, le temps est bien plus précieux.

En effet, chacun d'entre nous peut épargner, mettre de l'argent de côté pour les coups durs. Le temps non, il file.

Que faisons-nous de notre temps ? Comment l'utilisons-nous ? Avons-nous les bonnes priorités ? Investissons-nous assez de temps sur la relation client ?

Autant de questions qu'un chef d'entreprise doit se poser pour réussir.

Faire la différence, c'est appliquer les cinq conseils de ce chapitre : construire des arguments forts, les appuyer par des preuves, gérer les objections de façon professionnelle, développer la vente additionnelle, maîtriser notre temps et notre organisation.

On pourra ainsi renforcer notre impact en gérant mieux notre énergie ; s'appliquer à mettre l'effort sur l'essentiel pour produire plus de résultats, maintenant.

Nous éviterons ainsi le piège de suivre le chemin qui s'appelle « plus tard », qui nous amène sur la place qui s'appelle « jamais ».

Conclusion

Connaissez-vous Charles Peter Conrad ? Non ?

Un indice : il a fait quelque chose d'exceptionnel. Toujours pas ?

Deuxième indice : il a fait quelque chose d'exceptionnel que chacun d'entre nous rêve sans doute de faire vraiment.

Faites un effort.

Bon, dernier indice : il a fait quelque chose d'exceptionnel que chacun d'entre nous rêve sans doute de faire mais qu'aucun d'entre nous ne fera jamais.

Charles Peter Conrad a marché sur la Lune. Extraordinaire, non ?

Sauf qu'il était le troisième. Qui s'en souvient ?

On se souvient des premiers, parfois des deuxièmes, jamais des troisièmes.

Charles Peter Conrad a fait quelque chose d'exceptionnel, mais personne ne se rappelle de lui.

Avec nos clients, c'est pareil. Si nous sommes le troisième, voire le deuxième, nous passerons à la trappe.

Il y a rarement plusieurs vainqueurs sur un appel d'offres, plusieurs prestataires utilisés pour une mission donnée. Ce livre, avec cette méthode **perf**, n'a qu'un objectif : vous donner toutes les clés pour convaincre vos prospects de vous faire confiance et vos clients de poursuivre l'aventure avec vous.

Vous savez maintenant *pitcher* votre entreprise et vous-même de façon attractive.

Enthousiasmer n'a plus de secret pour vous ; vous êtes enthousiasmant et suscitez l'enthousiasme.

Relationner fait partie de votre nouveau « Moi ». Vous avez un réseau relationnel solide et des clients avec lesquels vous construisez des relations de confiance, dans la durée.

Vous savez faire la différence par la qualité de vos arguments, de vos preuves, de vos offres complémentaires. Vous gardez le cap sous pression et amortissez les objections que vous recevez. Vous avez également organisé votre activité pour libérer enfin du temps à la partie commerciale.

Vous prendrez aussi du temps pour vous, car l'entrepreneuriat n'a de sens que s'il apporte un bénéfice à votre vie et à celle de vos proches.

Peut-être profiterez-vous de ce temps libre pour aller visiter une ville magnifique : Rome.

À Rome, vous ferez un passage obligé à la basilique Saint-Pierre pour admirer, point d'orgue de la visite : la Pieta.

Si belle, si fine, si expressive qu'on peut légitimement se demander comment Michel-Ange a pu atteindre une telle perfection.

Michel-Ange n'a même pas 25 ans et la réalise en un an, entre 1498 et 1499. Perfectionniste, il sélectionna lui-même le bloc de marbre de Carrare de deux tonnes et demi et veilla au transport jusqu'à Rome. Avec talent, il veut que ses personnages soient beaux. Il veut les montrer habités par la grâce divine. Il veut les rendre sublimes en les polissant jusqu'à leur donner un lustre parfait.

Quand on lui demanda comment il avait fait pour réaliser un tel chef-d'œuvre, il dit : « J'ai vu un ange dans le marbre et j'ai seulement ciselé jusqu'à l'en libérer. »

Nous ne sommes pas tous des Michel-Ange, mais nous avons sûrement, chacun à notre niveau, cette capacité à voir au-delà des apparences, les promesses d'avenir.

Je nous souhaite à tous de libérer le potentiel de notre entreprise en libérant le nôtre.

C'EST DÉCIDÉ :
DEMAIN,
J'EXPLOSE LES VENTES !
ET POURQUOI PAS
AUJOURD'HUI ?
nilon

Imprimé en France - Dupliprint, 733, rue Saint-Léonard, 53100 MAYENNE
N° 2982168F - Dépôt légal : mai 2023